HV111
45

5 -

MANGER LE LIVRE

DU MÊME AUTEUR

L'Enfant illégitime. Sources talmudiques de la psychanalyse, Paris, Hachette, 1981 ; 2ᵉ édition révisée et augmentée, Paris, Point Hors Ligne, 1990 ; 3ᵉ édition, Paris, 1995.
Les Biblioclastes. Le Messie et l'autodafé, Paris, Grasset, 1990.
Babel et le livre, texte accompagnant des photographies de Bernard Faucon, Strasbourg, Rémanences, 1995.
Freud en Italie (en collaboration avec Antonietta Haddad), Paris, Albin Michel, 1995, rééd. Hachette, coll. Pluriel, 1998.

Préfaces et traductions

Renaissance de l'hébreu : Eliezer Ben-Yehouda, *Le Rêve traversé* ; Ithamar Ben Avi, *Mémoires du premier enfant hébreu* ; Gérard Haddad, *La Psychose inversée*, Paris, Desclée de Brouwer, 1998.
Yeshayahou Leibowitz, *Israël et Judaïsme, ma part de vérité* (avec Y. Haddad et D. Banon), Paris, Desclée de Brouwer, 1993 ; *Peuple, terre, Etat* (avec C. Neuve-Eglise), Paris, Plon, 1995 ; *Brèves leçons bibliques*, Paris, Desclée de Brouwer, 1997 ; *Science et valeurs*, Paris, Desclée de Brouwer, 1997.

DANS LA MÊME COLLECTION

Peter Gay, *Freud, une vie.*
Bruno Bettelheim, *Freud et l'âme humaine.*
Antonietta et Gérard Haddad, *Freud en Italie.*

GÉRARD HADDAD

MANGER LE LIVRE

RITES ALIMENTAIRES
ET FONCTION PATERNELLE

HACHETTE
Littératures

Tous droits de traduction, de reproduction et d'adaptation
réservés pour tous pays.
© *Éditions Grasset & Fasquelle, 1984.*

A Antonietta.

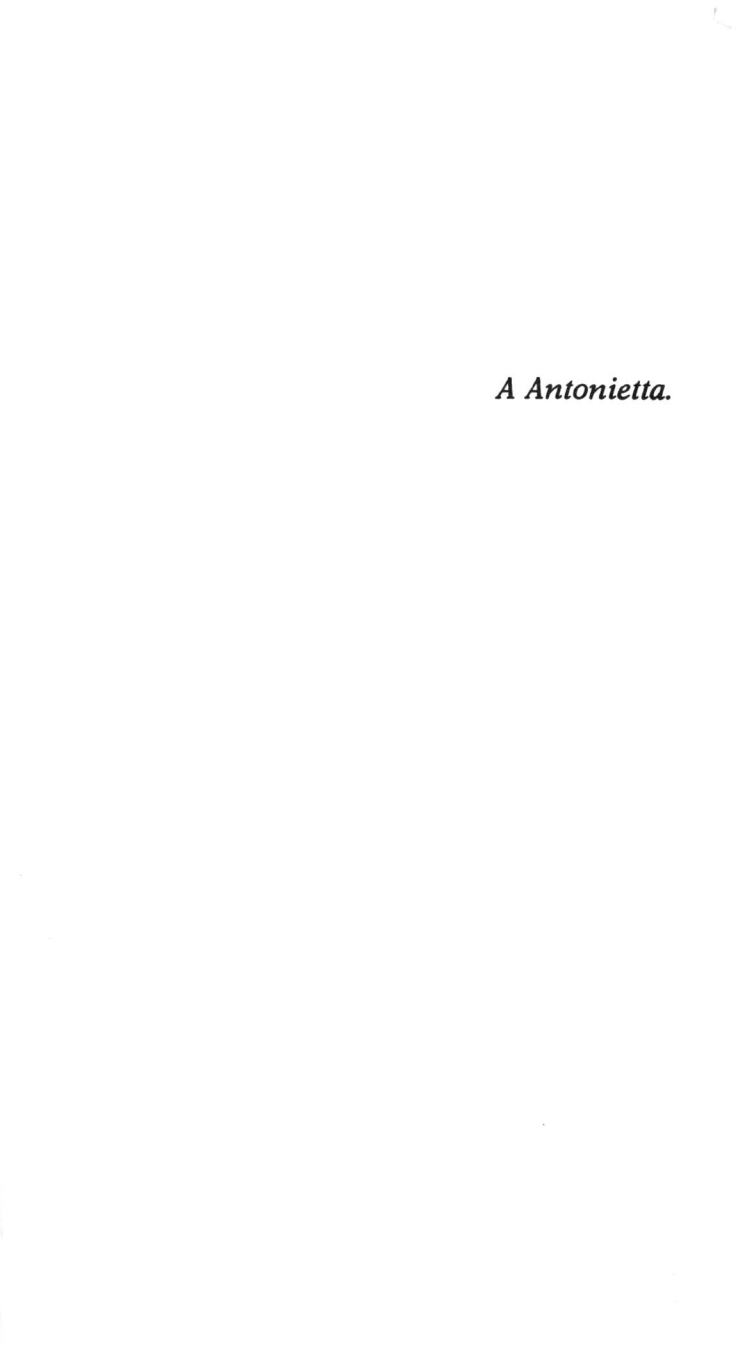

« Interrogez donc et regardez. Depuis quand des mâles enfantent-ils ?

« Pourquoi ai-je vu tous les hommes porter les mains à leurs flancs comme pour accoucher et tous les visages devenir verts ?

« Ah ! qu'il est redoutable ce jour pareil à nul autre ! »

JÉRÉMIE, XXX.

POSITION DU PROBLÈME

Le mythe du complexe d'Œdipe est un rêve de Freud, rêve qui reste à déchiffrer. A la fin de son œuvre, Lacan présentait ainsi la pointe extrême de la critique qu'il faisait aux théories freudiennes [1]. Freud préféra cette forme mythique à un abord direct de la question paternelle, contournant ainsi la terrible épreuve d'une confrontation à l'El-Schaddaï, à la religion de ses pères, armature intellectuelle à laquelle, bien que mécréant, il était lié par toutes les fibres de son âme.

C'est de ce point, où à peu près Lacan termina, qu'il fallut repartir, s'assurer dans un premier temps de l'isomorphie de la psychanalyse et du Midrach. Cette vérification dépasse toute attente et le recul permet désormais d'affirmer dans une formule de style léninien : la psychanalyse, c'est le Midrach plus la castration. Notre précédent ouvrage avait développé à quel point la *technique* psychanalytique, cet art de lire dans le discours du patient, n'était, étrangement, que le retour massif de l'antique Midrach juif, renié, incompris même parmi les juifs « éclairés », revenant dans le sillage du médecin viennois labourer, secouer dans son tréfonds toute pensée moderne sur l'homme.

---

1. J. Lacan, *Le Séminaire livre XVII, l'Envers de la psychanalyse*, 1969-1970, Paris 1991. Éd. du Seuil.

Ce point d'ancrage affermi devient point de départ pour le déchiffrage du rêve freudien.

Quel chemin prendre ? Le même toujours, celui qui définit l'homme comme être parlant. Aussi loin qu'on l'explore en effet, tout fait humain révèle toujours une trame de langage, principe désormais acquis depuis les premières patientes inspirées de Freud, qui lui ont révélé la structure en « stupide jeu de mots » du symptôme névrotique, depuis que la pensée structurale, s'engouffrant dans cette brèche, en a généralisé la portée.

Cette prise du langage sur l'homme est si intime, si profonde, si précoce que d'emblée une question en jaillit : comment le langage vient-il à l'homme, par quel étrange mécanisme se coule-t-il si étroitement dans la tunique de Nessus de la structure ?

Y a-t-il là un déterminisme biologique ? Sans nier l'existence de ce facteur, il est bien clair qu'il se révèle insuffisant. Le cas d'un Victor l'a établi depuis plus d'un siècle. Le langage n'advient pas d'une innéité mais d'une altérité qui saisit l'humain dès son irruption dans la vie. Le langage vient à un sujet donné par le groupe où il naît, sous la particularité d'une langue, dite maternelle. Le voici saisi par là même, dans une articulation à un groupe culturel où il trouve, avec sa particularité langagière, son insertion au monde et ses catégories de pensée, nœud définitif que seule la mort dénouera.

Ainsi notre question : comment le langage vient à l'homme ? va enserrer dans son lacet cette autre question brûlante, du rapport de l'individu au groupe. Elle projette à l'horizon cette énigme exclue de son champ par la linguistique, celle de l'origine du langage lui-même. Par ses différentes connexions, ne fournit-elle pas un fil d'Ariane pour une lecture renouvelée de Freud, de ses premiers écrits sur l'aphasie à son ultime *Moïse* ?

Nous attendons d'elle une lumière nouvelle pour un

recentrage de la fonction paternelle dont le judaïsme recèle, plus que toute autre culture, l'énigme.

Freud avait coutume de rappeler dans ses écrits, du premier au dernier[2], que l'être humain était diphasique. Sa sexualité par exemple n'était acquise que dans un processus à deux temps, fort éloignés : la prime enfance, l'âge adulte.

Cette remarque vaut aussi pour son œuvre qui présente une profonde inflexion, moment dialectique de son développement et non rupture, dont on peut situer la date à l'année 1906, qui vit tant d'autres bouleversements scientifiques et politiques.

Un premier temps donc, 1895-1905. Freud découvre l'Inconscient, cette altérité langagière qui divise tout sujet en deux scènes, celle dont les philosophes avaient exploré les moindres recoins, la conscience, et une autre, radicalement séparée. Cette « Autre scène », il en explore les principaux mécanismes, dégage les grandes voies d'accès, fournit à ceux qui veulent le suivre un mode d'emploi parfaitement codifié : libre association, divan, fauteuil, mais aussi une technique d'interprétation. L'accent est alors mis sur la singularité du sujet, isolé ou presque du tissu social, réduit à son intimité, au cercle familial, avec cette découverte inouïe : l'interdit de l'inceste est le ressort de tout drame individuel.

Tout autre que Freud aurait pu se contenter de gérer l'énorme découverte, d'en polir les imperfections, pour cette seule raison déjà que de telles avancées habituellement épuisent l'esprit où elles naissent. Dans le sillage de ce premier temps, marqué par le déchiffrage de l'hystérie, la psychanalyse aurait pu rester une discipline consacrée à l'individu, à son privé.

2. S. Freud, *Abrégé de psychanalyse*, in *S.E.*, vol. XXIII. (Les références à Freud renvoient, tout au long de l'ouvrage, aux *Œuvres complètes* en langue anglaise, *Standard Edition (S.E.)*, Londres, 1974, 1975, 1978, Hogarth Press.)

Dès 1906, Freud se sentait appelé ailleurs. A ses premiers pas déjà, entre 1893 et 1895, il s'adonna avec une sorte d'urgence à une opération d'apparence secondaire : dans le bric-à-brac de la psychiatrie d'alors, il tente d'établir une classification plus assurée du champ des névroses en définissant une nouvelle classe nosographique, la *Zwangsneurose* ou névrose obsessionnelle, jusque-là noyée dans une impénétrable confusion où « folie du doute », « monomanie », « délire du toucher » recouvrent aussi bien des affections psychotiques graves que des manifestations névrotiques. Cette entité nouvelle, taillée par lui, va devenir son objet d'étude privilégié en même temps que décroît son intérêt pour l'hystérie.

L'étude de cette névrose obsessionnelle, qu'il appellera parfois antisociale, le conduira justement à l'articulation qui lie le sujet au groupe, par où justement le langage lui vient. Un modeste article : *Actions obsédantes et pratiques religieuses*[3], donne le premier jalon de ce virage en établissant l'analogie devenue aussi célèbre que mal comprise entre rituel religieux et obsession, préface les importants remaniements que Freud apportera à sa doctrine.

Cette notion de deux étapes dans la théorie freudienne est une donnée bien connue. Les auteurs analytiques ont coutume de les nommer première et deuxième topiques. Nous voulons cependant y introduire un élément nouveau, développant notre thèse d'un dialogue masqué entre Freud et sa religion comme soubassement méconnu de son œuvre, en avançant que chacune de ces deux topiques correspond aux deux grands versants de la culture juive : *Haggada* (ou Midrach) et *Halacha*.

Le premier temps de la pensée de Freud voit les noces voilées de Freud et du Midrach, la retrouvaille conquérante de la lettre, la fantaisie des anagrammes

---

3. S. Freud, *Actions obsédantes et pratiques religieuses*, in *S. E.*, vol. IX.

Position du problème

et des traits d'esprit, les petits récits aérant l'ensemble[4]. Nul doute que ce premier temps est frappé d'une sorte de bonheur d'écriture, d'un enthousiasme de découvreur mais aussi d'une grande solitude.

Notre effort présent souhaite montrer que la deuxième topique recouvre pour partie ce rendez-vous inévitable mais profondément manqué de Freud et de la *Halacha*, c'est-à-dire cette branche dominante de la littérature juive qui établit à la fois et indissolublement le rituel religieux et la législation sociale, la réglementation des rapports de l'individu au semblable et par conséquent au groupe.

Cette thèse énoncée dans son abrupt surprend. L'argumentation qui la soutient sera progressivement déployée. L'opération nous promet, outre un gain théorique, un intérêt clinique et (n'en rougissons pas !) thérapeutique.

---

4. Cet aspect a donc fait l'objet de notre précédent ouvrage.

PREMIÈRE PARTIE

LE PÈRE FREUDIEN EN QUESTION

1

DE LA LOI DU PÈRE
AU RESPECT DU FRÈRE

L'obsessionnel est cet homme ou cette femme dont certains actes de la vie paraissent mystérieusement parasités par une activité surajoutée, stupide, dépourvue de toute raison pour celui-là même qui en est affecté.

Dans les dix années qui suivent son premier repérage, Freud rédige peu d'écrits sur la question jusqu'à cet article de 1906 sur les rituels. Mais dès lors il y consacre l'essentiel de son énergie, le faisant suivre immédiatement de ces textes fameux sur « l'érotisme anal », « l'homme aux rats » et, couronnant l'ensemble, l'ouvrage *Totem et Tabou*. L'offensive est désormais menée sur tous les fronts. La place inaugurale du texte sur les rituels justifie donc que l'on s'y arrête.

Un second événement se trouve marqué dans ces pages. En l'écrivant Freud aborde publiquement, pour la première fois, une question qui lui tient à cœur : la religion, jusqu'ici pudiquement recouverte du terme « complexe d'Œdipe ».

Depuis quelques mois à peine, Freud a son premier élève prestigieux, Jung — lui aussi fasciné par les questions religieuses —, et celui-ci se rend à Vienne pour une première rencontre avec le maître qui l'invite aux réunions du mercredi et fait devant lui un exposé, précisément la lecture de notre article. Une manière d'indiquer à l'élève — dont les tendances mystiques avaient été remarquées — la bonne manière pour s'avancer dans ce champ. Laquelle?

Freud avait acquis une importante connaissance sur l'obsession sans la livrer encore au public. Il avait déchiffré ses rites stupides et établi que chacun de leurs éléments renvoyait à une signification inconsciente, une structure langagière. Telle femme, par exemple, qui ne pouvait s'asseoir que sur un seul siège, avouait ainsi ses vœux d'avoir des amants qui la consoleraient d'un mariage malheureux. En même temps les rites obsessionnels révèlent une « conscience inconsciente de culpabilité » : l'obsédé s'attend à chaque moment à un terrible châtiment pour ses tentations de nature sexuelle. Son rituel est déjà un début d'expiation, ou plutôt un compromis entre tentation et expiation. Il se trouve que ce savoir, brièvement rappelé, est tout entier appendu à un terme : *cérémonial*.

La bonne manière que Freud indique consiste à noter que ce même terme est tout aussi incontournable dans un autre champ, dont il souligne lui-même l'autonomie au regard de la psychopathologie, la religion. Cette double occurrence d'un même terme l'amène à tenter une étrange opération, qui devrait surprendre, scandaliser nos modes de pensée les mieux établis : transférer, à cause de ce même mot, son savoir du champ de la psychopathologie à celui de la religion. Toute l'épistémologie du monde ne pourra trouver de raison philosophique à cette opération. Un examen superficiel laisserait supposer que l'opération équivaut à une analogie. Il s'agit pourtant d'autre chose que du « *a* est à *b* comme *c* à *d* » aristotélicien.

Une fois cette opération repérée une première fois, on ne tarde pas à la retrouver en de multiples occasions, dans le texte antérieur sur les souvenirs-écrans, plus tard en chaque moment critique de l'œuvre freudienne. Bientôt elle apparaît comme *l'opérateur même* des développements, de l'élargissement progressif de toute la pensée freudienne[1].

1. Pour plus de clarté, lire ici le texte donné en Annexe, p. 201.

Le Père freudien en question

Il se trouve que cette opération existe telle quelle dans le Midrach et le Talmud, règle d'interprétation peut-être la plus éminente : la *gezera chava*, « mêmes règles », dont nous avons proposé le terme de *transférance signifiante* pour en désigner la généralité aussi bien talmudique, psychanalytique qu'anthropologique.

Elle constitue peut-être l'emprunt le plus massif fait par Freud au Midrach, avec la règle de contiguïté des énoncés, ou *semikha*, dont elle constitue d'ailleurs la généralisation.

L'intérêt de la transférance signifiante opérée entre obsession et religion n'est pas d'en relever, comme le ferait l'analogie, leurs ressemblances phénoménologiques : même remords quand le cérémonial est omis, même méticulosité dans l'exécution, mais d'en pénétrer la signification. Elle permet d'avancer deux propositions décisives : puisque le rituel obsessionnel possède des significations inconscientes — c'est aussi le cas du rituel religieux —, puisque l'obsession découle du refoulement d'une pulsion, la religion correspond à un mécanisme analogue, à une tentative de compromis entre vœu coupable et interdiction refoulante.

Faut-il pour autant identifier les deux structures comme d'aucuns le feraient ? A l'évidence, non. Comment en effet assimiler les grandes manifestations sociales, publiques, collectives du cérémonial religieux au rituel solitaire, secret, asocial de l'obsédé ?

En ce point Freud accomplit un pas d'importance annonçant l'essentiel de son œuvre à venir : la pulsion refoulée dans les deux cas est de nature différente. Le névrosé refoule une *pulsion sexuelle*, il ne se résigne pas dans son inconscient à l'interdit de l'inceste ; la religion, elle, refoule une *pulsion du moi*, égoïste, impose un interdit aux tendances antisociales, meurtrières, en énonçant : « Tu ne tueras pas ! » Freud saisit en quelques mots — retrouvant le style du grand Hillel — l'essentiel du fait religieux, cet impératif du : « Tu aimeras ton prochain comme toi-même », au point où jaillit la haine la plus extrême.

La notion fondamentale du *narcissisme* — bien que le terme ne soit pas encore prononcé — émergea ainsi dans cette réflexion sur le fait religieux. Désormais Freud soutiendra contre vents et marées — contre Jung en particulier — le principe de deux libidos : l'une sexuelle, l'autre moïque, narcissique, agressive, chacune rencontrant un interdit spécifique. Le premier temps de la psychanalyse explora les conséquences de ce dit fondamental : « La mère et sa progéniture seront séparées par l'interdit de l'inceste. » Son second temps se propose d'explorer celles d'un second dit fondamental : « Tu ne tueras pas », réglant les rapports de l'individu aux semblables, aux frères, par extension à la société.

Désormais le lien antagonique qui rattache chacun au groupe vient au-devant de la scène. En s'y avançant Freud ne pouvait pas ne pas rencontrer la *Halacha* qui justement a pour objet de régler ce rapport.

Du premier temps au second reste à en élucider l'articulation, comment, à partir de la castration opérée par le père, le respect du frère peut se déduire. S'agit-il d'un simple parallélisme comme le suggèrent les deux tables de la Loi mosaïque, ou celui-ci recèle-t-il un nœud secret ?

Pour développer les intuitions esquissées dans cet article sur le rituel comme pour répondre aux questions laissées en suspens, Freud rédige quatre ans plus tard *Totem et Tabou*, avec l'ambition avouée de résoudre l'énigme dernière de la religion et du groupe qu'elle fonde.

La conjoncture d'alors, voire la mode le sollicitent. Le Bon, en France, avait publié quinze ans plus tôt sa *Psychologie des foules*, Wundt, en Allemagne, psychologue académique notoire, tente une explication du groupe par la psychologie individuelle, Jung pense trouver dans l'âme de chacun les archétypes culturels d'un inconscient collectif. Dans l'équation :

sujet ⇄ groupe

chacun insiste, d'après son penchant, sur l'une ou l'autre des deux relations. Freud, lui, veut en saisir la dialectique dans ce *Totem et Tabou*, moment clé dans l'histoire de la psychanalyse, celui d'une tentative d'alliance stratégique entre son savoir et l'anthropologie, science des groupes humains. Alliance houleuse, qui néanmoins devait féconder l'une et l'autre disciplines, fournissant à la culture quelques-uns de ses moments forts, des débats d'une grande portée comme ceux qui réunirent hier, sous nos cieux, Lacan, Lévi-Strauss et Jakobson. — Et si la grisaille d'aujourd'hui provenait en partie d'une distension de cette alliance ?

Reste à éclaircir cet intérêt de Freud pour l'anthropologie, ce paradoxe d'en appeler aux peuples les plus primitifs pour l'explication des religions les plus évoluées et de la psychologie des modernes névrosés.

Il nous faut revenir à notre prémisse : « Le mythe œdipien est un rêve de Freud à interpréter comme évitement. » A ce titre, *Totem et Tabou* est certainement l'exposé le plus complet du manifeste de ce rêve — avec la construction désormais fameuse du gorille primitif tué par ses fils qui, pris de remords, plutôt que de s'entre-tuer fraternellement, acceptent a posteriori la loi de celui qu'ils ont tué, construction où Freud articule étroitement les deux interdits de l'inceste et du meurtre du frère. Dans ce rêve l'ethnologie tient une place privilégiée.

Les premières lignes de l'ouvrage nous offrent peut-être un début d'explication, en forme de parallèle, de ce tropisme. « Les hommes primitifs, y lit-on, représentent une phase antérieure, bien conservée, de notre propre développement [2] », une conservation de l'*enfance* de la civilisation. Une comparaison s'impose donc avec la psychologie des névrosés telle que la psychanalyse la

---

2. S. Freud, *Totem et Tabou*, in *S.E.*, vol. XIII, p. 1.

révèle, puisque précisément celle-ci souligne l'importance de l'*enfance* dans la constitution du symptôme. Ne rencontrons-nous pas à nouveau ce procédé discursif que Freud, selon nous, affectionnait particulièrement, la *gezera chava*, ici effectuée sur le terme *enfance* ? Freud espérait par cette transférance signifiante accomplir un pas décisif dans sa compréhension des obsessionnels, mais aussi inversement déchiffrer l'énigmatique origine de la religion qui se confond avec celle de l'homme.

L'ethnologie semblait alors, de surcroît, une science achevée, qui aurait découvert sa loi de la gravitation avec une théorie clé, celle du *totem* : les peuples primitifs s'organisent en clans ou segments, chacun possédant un totem, c'est-à-dire un animal ou une plante que les membres du clan imaginent être leur ancêtre. Ce principe totémique organise entre autres les échanges matrimoniaux, l'exogamie, mais aussi un certain nombre de rites et d'interdits, comme celui de *manger* le totem.

Cette théorie totémique semblait parvenue à sa perfection, lorsque J.G. Frazer, en cette année 1910, publia une somme considérable et définitive, taillée dans le granit de l'observation : *Totémisme et Exogamie*. S'appuyant sur elle, il sembla à Freud possible de répondre enfin à l'énigmatique question : qu'est-ce qu'un père ?

Ainsi progressivement comprenons-nous mieux son intérêt pour l'ethnologie.

Seulement, un phénomène assez exceptionnel dans l'histoire des idées se produisit ici. Il est habituel, certes, qu'une théorie scientifique avec le temps vieillisse, qu'une autre la supplante, la généralise, en intégrant sa part de vérité. Le totémisme, que rien selon Freud ne devait contredire, ne se contenta pas de vieillir. Il se révéla, et très vite, suivant l'expression de Lévi-Strauss, un « pur fantasme » projeté par les ethnologues européens sur les primitifs. Il n'y a pas de totémisme, mais « illusion totémique[3] » des anciens ethnologues. Tylor, Goldenweiser, Murdock, Boas en ont eu raison.

Ainsi, la clé de voûte où Freud voulut suspendre définitivement sa théorie du père se révèle fumée. Plus troublant encore, la critique définitive de cette notion se fit de son vivant même par les auteurs cités, on en trouve jusqu'à la trace dans *Totem et Tabou*. Mais Freud se refusa obstinément à la prendre en considération.

Il répétera le même entêtement bientôt avec *Moïse et le monothéisme*, dont l'idée lui vint à la lecture de l'ouvrage d'un critique biblique, Sellin, affirmant que les Hébreux avaient tué Moïse. Le même Sellin aura beau affirmer publiquement s'être trompé dans son interprétation de certains passages bibliques, Freud restera inébranlable. Comme pour l'illusion totémique, il lui fallait maintenir la même fiction : le meurtre réel du père primitif. Cet entêtement « névrotique », avancera Lacan, est l'élément décisif qui permet de soutenir l'hypothèse : *Totem et Tabou* était le rêve de Freud et doit être lu comme tel. Ce livre est cette tentative de lecture.

On s'étonnera, un bref instant, qu'un fait aussi massif, l'effondrement de l'hypothèse totémique, n'ait pas ému davantage les successeurs de Freud, Lacan excepté, qui ont opté pour un silence gêné, doublé de l'abandon dans la pratique du rôle de l'Œdipe. Quelle place tient en effet, dans les cures des post-freudiens, ce *shibboleth* de la psychanalyse ? La réponse est notoire : aucune. Avec pour corrélatif la perte du tranchant de la pratique.

Avant d'aborder le nécessaire examen de *Totem et Tabou*, examinons un bref instant le contenu des autres écrits de Freud de la même période (1911-1913)[4], à la

---

3. C. Lévi-Strauss, *le Totémisme aujourd'hui*, Paris, P.U.F., 1962.
4. Conformément à la méthode de lecture métonymique que nous préconisons dans notre Annexe.

recherche du *latent* que renferme le *manifeste* du « rêve totémique ».

Période féconde où Freud établit, à travers le cas Schreber, sa théorie de la psychose, question qui entretient les plus étroites connexions avec notre présente affaire mais que nous ne pouvons ici aborder sans trop alourdir notre démarche. Nous y relevons aussi de nombreux textes de circonstance, transcriptions de conférences rappelant des points de doctrine ou de technique, des développements importants sur la théorie de la névrose obsessionnelle. Nous y avons aussi trouvé trois textes, inégaux par leur développement, mais qualifiables à l'évidence d'atypiques, voire de symptomatiques.

Le premier concerne *la Signification des séquences de voyelles* (1911)[5], un des plus brefs que Freud écrivit, quinze lignes à peine. Son objet ? Le nom divin hébraïque ou tétragramme (YHVH) dont les juifs ont supprimé la vocalisation jusqu'à même l'oublier, puis lui ont substitué, comme dans certains mécanismes du rêve, note-t-il, les voyelles du mot *Adonaï*, « le Maître », le tétragramme pouvant désormais se lire en contournant le tabou primitif : *Yehovah*.

L'autre texte est le célèbre *Moïse de Michel-Ange* (1913)[6], texte symptomatique s'il en est. Freud le publia anonymement, déguisé même, dans sa revue *Imago*, accompagnant sa parution d'une petite note surprenante : « L'auteur de cet article a un mode de pensée qui présente une certaine ressemblance avec la méthode psychanalytique. » On y trouve ces aveux qui sans doute justifient le maquillage précédent :

> « Jamais aucune sculpture ne m'a fait impression plus puissante... J'ai toujours essayé de tenir bon sous le regard courroucé et méprisant du héros. Mais parfois je me suis alors prudemment

---

5. S. Freud, *la Signification des séquences de voyelles*, in *S.E.*, vol. XII, p. 341.
6. S. Freud, *le Moïse de Michel-Ange*, in *S.E.*, vol. XIII.

glissé hors la pénombre de la nef comme si j'appartenais moi-même à la racaille sur laquelle est dirigé ce regard, racaille incapable de fidélité à ses convictions, et qui ne sait ni attendre ni croire, mais pousse des cris d'allégresse dès que l'*idole illusoire* [c'est nous qui soulignons, le totem n'étant rien qu'une idole] lui est rendue. »

Le titre du troisième texte paraît aux antipodes de toute préoccupation hébraïque : *Grande est Diane des Éphésiens*. Pourtant Freud y saisit l'actualité d'une parution d'ouvrage[7] pour avancer quelques réflexions concernant... le judaïsme, son schisme d'avec l'Église, l'idolâtrie une fois encore. Éphèse est en effet cette ville d'Asie Mineure qui adorait, huit siècles avant notre ère, une divinité maternelle, Oupis. Sa conquête par les Grecs amena la substitution sans conflit d'Oupis par la divinité, également maternelle, Diane-Artémis. Un temple fameux lui fut érigé, qu'Érostrate brûlera, et se développa un actif artisanat et un commerce d'idoles qui font comparer Éphèse à une antique Lourdes.

L'irruption des juifs et de saint Paul dans Éphèse va profondément perturber la ville. Paul, en butte aux vives attaques de ses coreligionnaires, décide la rupture définitive entre Église et Synagogue. Mais, « juif trop strict » selon Freud, il ne put se résigner à la prolifération d'idoles qui régnait dans la cité et son influence étant grande, l'artisanat et le commerce d'amulettes entrèrent en crise. Il s'ensuivit un pogrom organisé par les prêtres de Diane, les artisans et les boutiquiers, contre les juifs et contre Paul au cri de : « Grande est Diane des Éphésiens ! », précurseur du sinistre : « Mort aux juifs ! » Les autorités eurent du mal à éviter le pire et Paul perdit la confiance de ses ouailles.

Par la suite, l'Église d'Éphèse fut reprise en main par l'apôtre Jean, lequel, selon la tradition chrétienne, était

---

7. F. Sartiaux, *Villes mortes d'Asie Mineure*, Paris, 1911.

accompagné de Marie, la mère de Dieu[8]. Progressivement, les Éphésiens substitueront à Diane le culte d'une nouvelle divinité mère, le culte marial, se consacrant toujours activement à la fabrication d'amulettes, chrétiennes cette fois. Ainsi l'attachement premier à un culte maternel put se perpétuer sous un masque nouveau.

Ces trois textes montrent la présence d'un fort courant existant dans la pensée de Freud, sans doute ambivalent, tourné vers le judaïsme et sa lutte millénaire contre les idoles, les totems, auxquels lui-même rendait un lustre nouveau.

Pour l'étude critique, interne, de *Totem et Tabou*, notre clé de lecture est connue : un parallélisme pas à pas du texte freudien et hébraïque, une nouvelle *gezera chava*, inversée. Son bien-fondé se vérifiera si, aux premiers arguments déjà avancés, s'en ajoutent de nouveaux issus de l'étude même, de sa fécondité espérée, qui justifiera la lourdeur inévitable de la démarche.

Le premier essai de l'ouvrage prend acte d'emblée de la convergence fondamentale qui justifie à elle seule, peut-être, l'intérêt que l'anthropologie présente pour le psychanalyste. Freud avait découvert dans sa clientèle viennoise, « petite-bourgeoise », dit-on, que le nœud d'où part l'inconscient est la Loi interdisant l'inceste. Or, ne découvre-t-on pas grâce à l'ethnologie que cette Loi, malgré des particularités secondaires, s'étend à toute l'espèce humaine, y compris à ses groupes les plus « sauvages », les plus arriérés, sans souffrir d'exception ? En elle précisément, l'individu s'articule indissolublement au groupe, à la culture. Toute réflexion sur l'homme doit inévitablement repasser par ce point : pour quelle étrange raison l'homme prend-il partenaire sexuel hors de sa famille ? L'argument biolo-

---

8. La tradition attribue à ce même Jean l'*Apocalypse*, dont nous verrons l'importance pour le déchiffrage de notre mythe.

gique se révèle d'une étrange faiblesse à expliquer cette énigme que la religion vient justement recouvrir[9].

Mais Freud ne s'attarde pas autrement à ce renfort qu'il reçoit, sûr qu'il était du bien-fondé de sa découverte. Ce qu'il demande à l'ethnologie n'est pas une dérisoire garantie extérieure à sa discipline, mais qu'elle l'aide à franchir cette énigme dernière... grâce à la théorie totémique. Lâchant la proie pour l'ombre, il rencontre immédiatement deux difficultés.

Si le totem représente le père primitif tué par ses fils convoitant les femmes mères, tuer ou manger le totem constituerait une répétition du meurtre primitif. Le châtiment de cette transgression devrait évidemment, en vertu de la loi du talion qu'invoque Freud[10], être la peine de mort. Au même titre, un acte incestueux qui transgresse la Loi première doit connaître le même châtiment. Or l'« observation » montre l'existence de deux châtiments différents, du moins dans leur exécution : celui qui porte la main sur le totem voit sa mort exécutée *automatiquement*, magiquement, par le totem lui-même sans que le groupe ait à intervenir, tandis que l'incestueux est *lapidé* par ce même groupe. Cette hétérogénéité, relevée par Freud, pose un premier problème.

Par ailleurs, ce qui étonne Freud dans le comportement des primitifs au regard de l'interdit de l'inceste, au-delà de leur soumission à cette loi, tient à leur *horreur* de l'inceste — *Inzestscheu*, suivant le titre qu'il donne au chapitre —, les poussant à renforcer l'interdit bien au-delà des relations véritablement incestueuses. Dans nos civilisations, seules en définitive sont considérées comme interdites un infime nombre de partenaires : mère, sœurs, filles... Les lois exogamiques du primitif lui imposent par contre l'exclusion d'au moins la moitié des femmes — si son groupe est organisé en

---

9. C. Lévi-Strauss, *Structures élémentaires de la parenté*, Paris, Mouton et Cie, 1967.
10. A tort.

moitiés matrimoniales —, souvent bien au-delà. Le primitif aurait ainsi multiplié les assurances contre tout risque d'inceste en élargissant le cercle de l'interdiction, bâtissant une véritable haie autour d'elle.

Ces deux difficultés renvoient précisément à deux points cardinaux de la *Halacha* juive qui prend son départ dans l'établissement autour des interdictions bibliques d'une assurance du même type que celle du primitif, visant à construire, suivant l'expression talmudique, un *seyag*, une haie autour de la Loi.

Les deux modes différents d'exécution d'un coupable ont à leur tour leurs correspondants dans la législation juive. Toute faute grave envers Dieu est frappée du *karet* ou retranchement, la divinité se chargeant elle-même d'exécuter la peine — un traité talmudique entier, *kritout*, lui est consacré. Par contre les crimes envers le corps social, l'adultère en particulier, sont punis de *skéla*, la lapidation.

Le second essai de *Totem et Tabou*, le plus long de l'ouvrage, complexe et touffu, porte sur le tabou. Dès les premières lignes, Freud lui-même précise que ce terme polynésien est proche de la notion juive de *kadosh*, rendue généralement par « saint ».

Ce texte reprend et développe les thèses contenues dans l'article comparant rites religieux et obsessionnels. Il représente sans doute la mise au point théorique la plus précise de Freud sur la névrose obsessionnelle, en parallèle avec cet étrange comportement religieux à l'égard de certains objets, personnes, situations, dits *tabous* : le fidèle placé à proximité d'un corps tabou attribue à celui-ci une force mystérieuse ou *mana*, sa crainte ressemble à celle d'une infection par contact, crainte immotivée, absurde, comme l'impératif catégorique kantien, par opposition aux prescriptions morales intelligibles.

Les esprits forts d'alors (Wundt) pensaient interpréter définitivement le phénomène en évoquant la superstition, la *crainte des esprits* de ces pauvres demeurés de primitifs, dont certaines traces auraient persisté jusque dans nos propres cultures. Freud, devant cette démonstration par la « vertu dormitive de l'opium », repose la véritable question : à quel ressort psychique correspond cette notion d' « esprit » ?

Utilisant à nouveau la transférance signifiante, il injecte dans le tabou son savoir sur l'obsession où le rite correspond, nous l'avons vu, au refoulement d'une pulsion sexuelle précisée ici comme masturbatoire. De même le tabou doit répondre du refoulement d'une pulsion liée au toucher, le *meurtre*. Freud ne manque pas de rappeler à plusieurs reprises le sixième commandement : « Tu ne tueras pas ! » Nous retrouvons l'opposition amorcée, mais désormais pleinement déployée, de deux types de pulsions refoulées, sexuelle chez le névrosé, agressive, moïque dans la religion. Le tabou masque d'abord la rivalité meurtrière de l'homme à son semblable et par-delà à sa propre image.

Freud minutieusement assoit cette thèse par l'analyse de nombreux cas regroupés autour de trois rubriques : le tabou des ennemis tués, des chefs, des morts, cette dernière donnant la clé de toutes. Le cadavre représente en effet le désir de meurtre réalisé. La force du vœu, devenu coupable par sa réalisation, s'est projetée, transmuée en l'énergie mystérieuse du *mana*. Le désir de meurtre, de détruire chaque semblable, donc le groupe tout entier, est à l'évidence le plus grand danger social. Cette culpabilité appelle châtiment, devient crainte d'un retour vengeur du mort, être cher la veille — ambivalence oblige ! —, devenu aussitôt, dans une étrange métamorphose, esprit hostile. Qui ne s'est pas accusé, à la disparition d'un proche, de quelque négligence ? Sentiment dont la source réelle est le vœu inconscient de mort à son égard, devenant sentiment de deuil, à l'occasion pathologie mélancolique.

Le tabou neutralise la violence de pareils sentiments, métamorphosés en ce produit substitutif et final, la répulsion, le sentiment d'une *impureté* radicale rattachée au cadavre, *source et principe de toute impureté*.

Ce chapitre, en définitive, souligne à nouveau l'importance du complexe fraternel dans le fait religieux, prothèse à l'entropie sociale. Il avance un nouveau pas d'importance, la notion d'*impur* d'origine cadavérique. Sa forme littéraire même appelle quelques remarques.

Freud recourt massivement dans ce long chapitre à un énorme échantillonnage de faits ethnologiques, glanés aux quatre coins du monde. D'une ligne à l'autre nous voyageons en sa compagnie, d'Australie en Amérique, d'Afrique aux îles lointaines, avec le sentiment croissant que cet étrange texte ressemble à un immense « patchwork » aux pièces bariolées, cousues les unes aux autres par un fil peu visible, grâce à l'art littéraire de l'auteur, justement à la manière de certains rêves bien agencés par ce que Freud appela lui-même une élaboration secondaire. Le lecteur attentif à suivre les méandres du texte ne pourra se déprendre d'un certain vertige onirorïde.

Nous soutenons donc que les pensées implicites de ce patchwork concernent le judaïsme, que le recours par Freud à l'ethnologie constitue la *métaphore du judaïsme*[11]. Il serait possible de montrer pas à pas, voire ligne à ligne, que ces exemples disparates, Bantous, Motumotu, Dayak, Maoris, fonctionnent comme des *lettres algébriques* renvoyant par des transformations transparentes aux catégories de la *Halacha* juive. La tâche serait évidemment ingrate et il faudra se contenter d'une démonstration partielle mais consistante. N'avons-nous pas d'ailleurs relevé que Freud lui-même signala d'emblée le parallélisme à faire entre *tabou* et *kadosh*? Ajoutons-y quelques repères clés.

---

11. La place éminente que les juifs ont occupée dans l'ethnologie de Durkheim à Lévi-Strauss, sans oublier les Mauss, Goldenweiser, Boas, etc., s'expliquerait-elle d'une pareille métaphore ?

Le Père freudien en question

A propos du caractère absurde du tabou par opposition à des règles morales intelligibles, cette dichotomie est aussi fondamentale dans l'espace biblique et talmudique, qui oppose les *michpatim* — ou prescriptions raisonnées dont le type est celui de « ne pas faire au semblable ce que tu ne voudrais pas qu'il te fît », la réversibilité de la situation suffisant à soutenir l'interdit — au *hok*, règle incompréhensible, immotivée, auquel justement appartiennent les rites alimentaires.

Freud eut la perspicacité de souligner l'importance de la rivalité fraternelle dans le sentiment religieux. A la lumière de son enseignement, les prescriptions bibliques dans le domaine social acquièrent un relief nouveau. Il n'en est pas une qui ne s'accompagne de ce rappel, jusque dans les interdictions du prêt usuraire où la mention du frère ne paraît pas s'imposer : « Tu ne prendras pas d'intérêt et tu craindras ton Dieu et *ton frère vivra avec toi*[12]. » La législation talmudique tout entière, son *seyag*, ne vise-t-elle pas à amplifier cette mise en garde ?

Lorsque Freud citait les rites liés au nom des morts, pouvait-il ignorer le traitement que le langage familier des juifs applique à cette même situation en accompagnant le nom du défunt d'une formule consacrée : *zichrono lebracha*, « que son souvenir soit une bénédiction » ?

Enfin et surtout, le thème central du second chapitre porte sur l'*impureté* et les rites de purification. Or qu'est-ce que la *Halacha* tout entière sinon une immensité de textes, une réflexion indéfinie, autour de cette même notion pur/impur *(taharah/tumah)*, de sacré/profane *(kadosh/hol)*!

On ne s'étonnera plus — mais quand même ! — lorsqu'on relèvera que le principe originel de toute impureté dans le Talmud, *av avot hatumah* ou « principe des principes de l'impureté », est le même que

---

12. Lévitique, XXV-26.

retrouve Freud après bien des méandres ethnologiques : le cadavre.

La forme même du texte fait écho aux pages hébraïques. Son caractère touffu, ses digressions et retours, bien avant nous, Karl Abraham en avait relevé le caractère talmudique [13]. Un passage a particulièrement attiré notre attention par sa longueur apparemment excessive — du moins en ont jugé ainsi les traducteurs qui ont préféré l'abréger. A propos des Maoris, Freud rapporte cette citation : « Le chef ne doit pas souffler sur le feu car son souffle communiquerait sa sainteté au feu qui la communiquerait au pot sur le feu, qui la communiquerait à la viande dans le pot, qui était sur le feu, sur qui le chef avait soufflé ; ainsi la personne *qui a mangé la viande qui cuisait dans le pot, qui était sur le feu*, sur qui le chef avait soufflé de son souffle sacré et dangereux mourra. » L'habituellement scrupuleux Strachey a préféré ici aller au plus court : « Le mangeur, infecté par le souffle du chef *transmis par ces intermédiaires*, mourra sûrement. »

Sans doute, cette ritournelle illustre-t-elle parfaitement les mécanismes de contiguïté et déplacement si essentiels dans les rites, qu'ils soient religieux ou obsessionnels. Mais aussi sa structure évoque irrésistiblement une curieuse et célèbre chanson juive, appartenant à la liturgie pascale : « Un chevreau, un chevreau. » Contentons-nous, comme Strachey, de n'en citer qu'une strophe : « La mort vint et tua le boucher, qui avait égorgé le bœuf, qui avait bu l'eau, qui avait éteint le feu, qui avait brûlé le bâton, qui avait frappé le chien, qui avait mordu le chat, qui avait mangé le chevreau, que mon père m'avait acheté pour deux sous [14]. »

---

13. K. Abraham-S. Freud, *Correspondance*, traduction française, Paris, N.R.F., 1969. Lettre du 11 mai 1908 : « Il y a quelques jours, j'ai été captivé dans *le Mot d'esprit* d'une manière singulière par un petit paragraphe. En le considérant plus précisément, j'ai trouvé que, dans la technique de l'opposition et dans toute sa composition, il était tout à fait talmudique. »
14. Il y a quelques années, un chanteur italien, A. Branduardi, en fit un succès : *la Fiera dell'Est*.

Le Père freudien en question

Ainsi, tant par sa forme que par son contenu, ce second chapitre possède de profondes résonances avec la *Halacha*, ce grand monument du ritualisme juif, apparemment totalement absente ici.

Avec le troisième essai, *Animisme, magie et toute-puissance des idées*, Freud s'efforce de pénétrer plus intimement ces étranges phénomènes rituels. La solution lui paraît celle-ci : les primitifs ont une vision du monde de nature psychologique qui consiste à projeter totalement sur le réel les mécanismes internes du psychisme et de l'inconscient. Les forces pulsionnelles deviennent, dans cette inversion, des esprits, des âmes, capables de migrer d'un corps à un autre. Cette conception aurait germé d'une réflexion sur la mort, assimilée — voire conjurée dans son insupportable — à un état de sommeil particulier.

De cette surestimation des mécanismes psychiques découle une technique singulière : la magie, qui suppose que certains actes rituels agissent sur le réel, font la pluie et le beau temps, assurent la fécondité de la terre.

A l'inverse, certains contacts avec la nature peuvent influencer profondément les mécanismes psychiques, *particulièrement la nourriture*. D'où un certain nombre de *rites alimentaires* qu'observent les primitifs : par exemple une femme enceinte ne mangera pas la chair d'un animal peureux pour ne pas frapper de couardise son enfant.

L'ensemble des rites se déchiffre ainsi d'une conception magique du monde où la force du désir devient élément cosmique.

Ce savoir, cette notion de « toute-puissance des idées » à l'évidente racine narcissique — l'homme comme nombril du monde —, Freud l'obtint en déchiffrant le symptôme obsessionnel de *l'Homme aux rats*, chez qui les rites, sorcellerie privée, avaient précisément fonction conjuratoire.

Mais à nouveau transparaissent, derrière ces faits attribués aux primitifs, nos propres conceptions religieuses et particulièrement celles du judaïsme : la persistance de l'âme, la métempsycose que les kabbalistes admettent.

Nous accorderons bientôt au déchiffrage des rites alimentaires toute leur importance. Insistons pour l'instant sur la fonction magique du rite : ce que le sorcier ou le prêtre lie par son acte terrestre se trouve du même coup lié dans les cieux. Que vise d'autre dans sa piété le dévot juif, avec la pleine conscience de la signification de son acte s'il est mystique, *hassid*? Le monde pour lui est le résultat d'une catastrophe primitive où la « lumière » divine s'est trouvée perdue, éparpillée, enfouie dans les éléments de l'univers. Le but de sa vie tient à libérer quelques-unes de ces étincelles primordiales, à réparer *(tikoun)* ce désordre du monde, qui est d'abord celui de la condition humaine.

Ainsi chaque trait — nous ajouterions sans exception — attribué aux primitifs renvoie à un thème important de la pensée juive, dans ce chapitre surtout à sa mystique, les faits ethnologiques fonctionnant comme les lettres qui voilent et désignent un trait de nos propres religions. Dans le délire du primitif, Freud cherche à comprendre le secret de sa propre religion dont il dira plus tard : « La Palestine n'a rien formé que des religions, des extravagances sacrées, des *essais présomptueux de dompter le monde des apparences extérieures par le monde du désir*[15]. »

Sans doute cette équivalence judaïsme-pensée primitive porte-t-elle une lourde charge qualifiable pudiquement d'« ambivalence ».

---

15. Dans une lettre à Arnold Zweig en 1932 ; idée reprise en plusieurs autres écrits.

⁂

Les trois premiers essais de *Totem et Tabou*, malgré leur intérêt, n'auraient sans doute pas suffi à produire la célébrité de l'œuvre, à la distinguer parmi les autres productions excellentes du maître viennois. Si *Totem et Tabou* a fait événement, il le doit à sa quatrième partie — unité autonome dans l'ouvrage où les propositions établies ailleurs sont ici rappelées. Selon Lacan, Freud y a construit *le seul mythe produit en notre siècle*, en liant ensemble quatre éléments appartenant à des champs différents.

Le premier est interne à la psychanalyse, à sa clinique. L'étude des phobies d'animaux, en particulier le célèbre *cas du petit Hans* (1909), a montré l'équivalence dans les formations inconscientes de l'animal et du père.

Sans doute faut-il attribuer, en partie au moins, à cet enfant doué, au moment même où Freud entreprend de rassembler les éléments épars de sa théorie de la fonction paternelle, son intérêt soudain et passionné pour le totémisme, second élément de la construction, emprunté, nous l'avons vu, à Frazer. Pour Freud donc, pas de doute à maintenir : l'animal totémique est *une métaphore du Père*, de l'ancêtre mythique du clan.

De cette filiation se déduit — mais comment ? — ce sentiment des membres du clan au-delà des particularités individuelles, de *partager une substance commune mystérieuse*, un éther mystique : ils se sentent du même « sang ».

Ce sentiment, apparemment irrationnel, n'appartient évidemment pas en propre aux « primitifs » ; il est le ciment de tout groupe humain. Nous savons de l'aveu de Freud, dans sa préface à l'édition hébraïque de *Totem et Tabou*, que lui-même éprouvait un pareil sentiment à l'égard du judaïsme, reconnaissant aussi son impuissance à en comprendre le mécanisme intime.

Parmi les attributs du totem, Freud relève celui-ci : d'être le *garant de la vérité*, celui devant qui on prête serment, singulièrement en affaire de paternité, qui préside aux *ordalies*.

Voici un moment que Freud se trouve préoccupé par cette question de l'ordalie ou jugement de Dieu. Elle semble s'introduire dans sa réflexion à partir de ses travaux sur l'ouvrage d'un fou célèbre, le président Schreber. Un trait minuscule de ce récit d'une psychose l'arrête : Schreber affirma après sa guérison pouvoir regarder le soleil, « symbole paternel[16] », en face. Cette vertu, l'Antiquité l'attribuait à l'aigle qui soumettrait sa progéniture à cette ordalie. Tout aiglon ne la supportant pas se révélait illégitime et mis à mort. Ce mythe servit de modèle à de nombreux peuples qui infligeaient à leur descendance des épreuves de ce type : l'eau, la morsure du serpent venimeux totémique, etc.

Cette connexion importante entre *Totem et Tabou* et l'ouvrage sur la psychose confirme bien à quelle question essentielle nous touchons ici : qu'est-ce qu'un père ? Qu'est-ce qu'une filiation ?

Essentielle à un titre déjà : la vérité — nous apprend Freud dans *Moïse et le monothéisme* —, qui, a priori, ne paraît pas s'imposer à la pratique des hommes, dont toute l'action tend même à l'occulter, par cette question du père, toujours conjecturale, atteint l'homme comme une écharde dans sa chair dont il ne peut se défaire.

La *Halacha* — cela nous étonne-t-il désormais ? — connaît bien cette question de l'ordalie à propos précisément du soupçon en infidélité d'une femme et par conséquent en légitimité de filiation. La Bible désigne cette épreuve comme *sota* et le Talmud lui consacre un épais traité. Son examen, même rapide, s'avère d'importance pour la suite de notre propos.

Le rite singulier de *sota* n'avait lieu que dans l'antique Temple de Jérusalem. Il consistait principalement à placer dans un vase rempli d'eau un manuscrit — sur lequel le grand prêtre avait écrit certaines formules

---

16. S. Freud, postface au *cas Schreber* (1911), in *S. E.*, vol. XII.

bibliques où le Nom divin occupait la place principale — jusqu'à effacement de l'écriture. Après quoi la femme soupçonnée buvait le liquide et l'écriture. Innocente, elle sortait indemne de l'épreuve, coupable, elle en mourait magiquement.

Or, voici que Freud examinant les différentes théories du totémisme relève celle d'un certain Julius Pickler pour qui les différents totems d'une ethnie doivent être considérés comme pictogramme, *écriture primitive*[17].

Ce dialogue dans les ténèbres entre Freud et la *Halacha* paraît se poursuivre lorsque Freud soutient que le totem se transmet *matrilinéairement*, particularité partagée par le judaïsme, qui fait ici exception dans le concert des religions monothéistes. Le voile de méconnaissance va-t-il se rompre ? Las ! Freud préfère renoncer à la proposition de Pickler, qui ne lui convient pas plus que les autres théories totémiques — nominalistes, sociologiques, psychologiques. Aucune ne lui paraît contenir la solution des questions qu'il pose : pourquoi le totem, pourquoi la religion, pourquoi l'exogamie ? La recherche débouche sur un désert théorique — qu'il a lui-même en partie créé —, sur une *énigme absolue*. Pour la résoudre Freud se voit contraint d'accomplir un saut. N'en a-t-il pas fait d'autres, tellement féconds ?

Ce saut, troisième élément dans la construction du mythe, est le recours à un des auteurs favoris de Freud, Darwin.

Par une comparaison avec les mœurs des grands mammifères — gorilles, chevaux, cervidés —, Darwin avait inféré que les premiers groupes humains étaient formés de petites hordes sous la conduite d'un vieux mâle tyrannique se réservant exclusivement les femmes du groupe. Il arrivait qu'un jeune mâle vigoureux postulait à cette place de chef. Il entrait alors en conflit mortel avec le vieux mâle, mais aussi avec tout autre

---

17. Conception évidemment proche de l'anthropologie structurale. Cf. Lévi-Strauss, *le Totémisme aujourd'hui*, Paris, P.U.F., 1962.

rival, jusqu'à ce que, à son tour, il soit chassé ou mis à mort par plus fort que lui. Cette conception darwinienne, Freud la reprend à son compte.

Inutile de chercher ici une quelconque correspondance avec le judaïsme. Elle n'existe pas. Sans doute pouvons-nous repérer en ce point précis le moment où Freud lâche l'amarre qui le liait jusqu'ici, et curieusement c'est le moment, le seul peut-être de toute son œuvre, où sa pensée dérape.

Apparemment serein, conquérant, il s'avance à la rencontre de cette pensée darwinienne. La longue marche des premiers chapitres ressemble à un pénible travail de deuil contre cette « peste ramenée d'Égypte ». Une issue véritable aurait dû le conduire vers des thèmes nouveaux, dans un au-delà de la *Halacha*, sans retour.

Mais il ne s'agissait bien sûr que d'une fausse sortie qui allait le conduire tout droit à... écrire un livre sur Moïse. On ne quitte pas ainsi le nœud qui structure cet inconscient découvert par Freud. Point n'est d'ailleurs nécessaire d'aller si loin ; cette *Halacha* cent fois tuée, cent fois ressuscitée, pointe déjà l'oreille dans le quatrième et dernier élément de la construction du mythe.

La source à laquelle cette fois Freud recourt est un certain Robertson Smith, spécialiste... des religions sémitiques. On doit à cet auteur une théorie qui place au fondement de ces religions les sacrifices animaux accomplis sur un autel, suivis de la consommation en commun de l'animal sacrifié. De cet acte de convivialité découlerait le sentiment énigmatique que nous évoquons sans cesse, celui de partager une substance commune.

A l'appui de cette étrange théorie, rejetée unanimement, à la grande fureur de Freud, par les meilleurs anthropologues dont Mauss, seule peut être invoquée une mince trace scripturaire que l'on doit à l'obscur saint Nilus, anachorète sinaïtique à l'aube du christianisme qui rapporte un rite pratiqué par les bédouins préislamiques : avant le lever du soleil, quand brille encore Vénus, un chameau était attaché sur un autel, puis, après l'exécution d'un cérémonial, sacrifié et dévoré cru en quelques secondes, sang, chair et os, par la meute des pratiquants.

Ce recours à la théorie de R. Smith du *repas totémique* est critiquable à plus d'un titre et les ethnologues les plus éminents ont fait cette critique bien avant nous. Ajoutons-y certaines remarques dans le fil de notre propos : était-il besoin d'un tel détour pour établir la place importante tenue par les sacrifices dans les religions sémitiques ? Il aurait suffi d'ouvrir le Lévitique, de parcourir les innombrables commentaires talmudiques et midrachiques qui l'accompagnent, pour rassembler une information infiniment plus précise sur ces sacrifices, sur leur lien à l'alimentation humaine, sur les rites qui transforment toute table en un autel.

Chez Smith, par ailleurs, le sentiment d'être d'un « même sang » tient à l'absorption du sang de l'animal par le groupe. Or, précisément, le rite sacrificiel juif consiste à éliminer avec rigueur toute consommation sanguine. Dira-t-on qu'une étape antérieure de ces religions incluait cette absorption, comment expliquerait-on cet abandon, comment comprendre la phase postérieure qui l'exclut tout en conservant le sacrifice, comment surtout comprendre la phase ultime de la religion juive qui renonce totalement à tout sacrifice sans que s'affaiblisse, bien au contraire, le sentiment communautaire ?

Rejetant toute critique, Freud achève ainsi la mise en place des quatre éléments de son mythe *(schéma n° 1)*, qu'il peut dès lors énoncer.

La préhistoire de l'humanité comprendrait deux phases.

A l'origine les ancêtres des humains étaient organisés en horde, un mâle jaloux possédant toutes les femmes et chassant les garçons dès que ceux-ci s'opposaient à lui en rivaux. Cette première phase, reconnaît Freud,

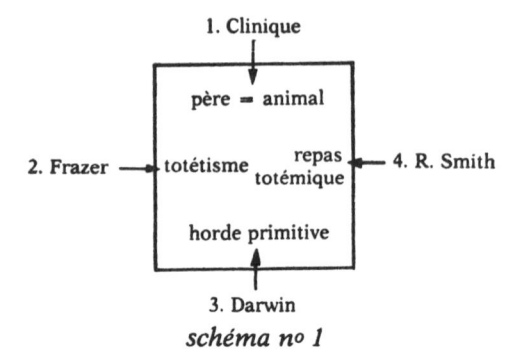

```
                    1. Clinique
                         ↓
              ┌──────────────────────┐
              │    père = animal     │
              │                      │
  2. Frazer → │ totétisme   repas    │ ← 4. R. Smith
              │           totémique  │
              │                      │
              │   horde primitive    │
              └──────────────────────┘
                         ↑
                    3. Darwin
```
schéma n° 1

n'a jamais été observée, à l'opposé de la seconde, celle de groupes d'hommes égaux soumis à un totem. Comment est-on passé de l'une à l'autre ? Là, Freud introduit une reconstruction, méthode familière dans l'étude des fantasmes, qui comble l'hiatus : un jour, les frères chassés se sont associés en un syndicat et ont tué le père. Le courage manquant à chacun, ils l'acquirent ensemble. Étant cannibales, ils l'ont mangé, espérant s'assimiler une part de sa force.

Cependant ce père haï était aussi admiré. La mort ayant apaisé la haine, persiste seule, toute-puissante désormais, l'affection exprimée dans le remords. Dès lors les fils vont s'interdire d'eux-mêmes ce que le père vivant leur refusait, dans une *obéissance* différée. Le père devient plus fort mort que vif. Les hommes renoncent dans la Loi exogamique aux femmes à présent libres, créant du même coup un pacte entre eux. De cet acte mémorable prend origine l'organisation sociale, la morale et la religion, en un mot l'humanité qui naît dans le sang du meurtre du Père-Dieu.

La religion spécialement se voit confier la tâche mnésique de perpétuer sous un mode voilé le souvenir de cet acte premier, de réaliser un compromis complexe entre amour et haine du père, rivalité et solidarité fraternelle. Ce complexe trouve précisément sa réalisation dans le repas totémique.

Tel est le schéma dramatique que Freud a construit, devenu depuis un petit bateau culturel. Inutile de rappeler que le trépied qui lui fournit appui n'est qu'illusion. Dans son énoncé même il révèle une carence profonde : *quel rôle y jouent les femmes*, déjà au premier temps, celui du maître tout-puissant de la horde ? A-t-on jamais vu un maître qui n'ait pas immédiatement suscité *au moins une hystérique* ? Que dire du second temps, où les femmes mères libérées deviennent totalement maîtresses du jeu ? L'objection n'a pas échappé à Freud qui confesse avec son habituelle honnêteté : « Je ne saurais dire quelle place revient ici aux grandes divinités maternelles qui ont précédé les dieux-pères[18]. »

Ce mythe révèle une difficulté plus grave encore : Freud note dans le seul exemple de repas totémique « connu », celui des bédouins de saint Nilus, la présence d'une divinité, nommément Vénus, qui participe elle-même au repas. N'avions-nous pas cru que l'animal-totem représentait justement la divinité ? Voici qu'à nouveau, à la fin d'un ouvrage entièrement consacré à la question religieuse, Freud énonce que l'idée de Dieu « viendrait d'une source inconnue et a pris le contrôle de toute la situation ». *L'énigme de Dieu réapparaît au point même où on pensait la déchiffrer*. Mince bénéfice au bout d'un effort considérable qui aboutit à un échec.

Bâti sur des nuées, *Totem et Tabou* n'offre même pas l'avantage d'aboutir à une construction imaginaire satisfaisante.

Pourtant Freud n'hésite pas à nous la livrer, dans la densité de ses invraisemblances et contradictions, comme on livre à un auditeur attentif son *rêve*.

Hors de ce champ onirique, *Totem et Tabou* n'est plus aujourd'hui dans la rigueur théorique que décombres. A partir de ceux-ci, des intuitions, des éléments signifiants qu'ils renferment, peut-on rebâtir une théo-

---

18. S. Freud, *S. E.*, vol. XIII, p. 149.

rie de la fonction paternelle sur son véritable terrain, symbolique ?

Notre attention se fixera sur cette pierre angulaire : l'identification au père par son incorporation, s'opérant dans un cérémonial religieux, le repas totémique. Quelle force poussa Freud dans cette élucubration, sinon l'écho de la *Halacha* juive qui accorde aux rites alimentaires une place de choix ? La voie du déchiffrage se trouve dès lors tracée.

2

PENSER AVEC SES DENTS

L'œuvre de Freud, comparée aux grands systèmes philosophiques, allemands particulièrement, révèle une construction différente. Elle ne présente pas leur caractère de système, tel que pourrait le révéler l'analyse d'une grande pensée comme celle de Kant, de Hegel — où les concepts s'articulent comme en un grand jeu de construction. Les écrits freudiens, ouverts de toutes parts, donnent plutôt à leur lecteur le sentiment d'un *tissage* dense, où par moments l'étoffe révèle un nœud où convergent et d'où partent des fils qui se ramifient de là à un vaste champ.

La notion de repas totémique qui nous paraît, dans son errement, l'intuition la plus fulgurante nous tâcherons de le montrer — de *Totem et Tabou* appartient à un fil qui parcourt les écrits de Freud de part en part : la pulsion orale. Nous voyons émerger ce fil en des moments inattendus du développement de sa pensée, signifiant clairement, si besoin était, qu'il ne s'inscrit pas platement dans le registre exclusif du besoin nourricier mais dans celui de la sexualité humaine structurée par une dialectique de demande et de désir.

Sans prétendre à une quelconque exhaustivité, évoquons quelques-uns des moments clés où l'oralité émerge dans le texte freudien avec son rôle primordial.

Dans un des tout premiers textes de la pensée psychanalytique, *Esquisse pour une psychologie scientifique*, Freud fait du sein l'*objet perdu* primordial, celui qui, par cette propriété essentielle d'être perdu, opère la première structuration de la réalité psychique, crée les conditions pour que s'instaurent, sous forme du cri et des paroles maternelles, les conditions d'acquisition du langage puis de la pensée. Ainsi d'emblée, à notre question de départ — d'où le langage vient-il à l'homme ? — Freud apporte un élément de réponse de poids : par sa relation au sein en tant qu'objet perdu.

Freud refusa de publier le texte si riche de cette *Esquisse*. Il en reprendra néanmoins les éléments principaux sa vie durant. Ses trouvailles à propos de la pulsion orale sont consignées dans l'ouvrage *Trois Essais sur la sexualité infantile*, paru en 1905, mais qu'il remaniera sans cesse dans les éditions ultérieures, particulièrement dans celle de 1915, contemporaine donc de *Totem et Tabou*, où nous trouvons cet ajout :

> « Nous donnerons le nom de prégénital aux organisations de la vie sexuelle dans lesquelles les zones génitales n'ont pas encore pris la part prédominante... La première de celles-ci est l'organisation sexuelle prégénitale orale ou, comme on a pu l'appeler, *cannibalique*. Ici l'activité sexuelle n'a pas encore été séparée de l'ingestion de nourriture... Le but sexuel consiste dans l'incorporation de l'objet, *prototype d'un procès qui sous la forme de l'identification doit ultérieurement jouer un si important rôle psychologique*[1]. »

Cette évocation des mécanismes identificatoires sera reprise, cinq ans après, en 1920, dans son ouvrage *Psychologie des groupes et analyse du moi*, qui comporte un essai sur « l'identification[2] », dont les premières lignes sont au centre de notre affaire :

1. S. Freud, *S. E.*, vol. VII. Les passages soulignés le sont par moi.
2. S. Freud, *S. E.*, vol. XIV, chap. 7 : « l'Identification ».

> « L'identification est reconnue par la psychanalyse comme l'expression la plus précoce d'un lien émotionnel avec une autre personne. Elle joue un rôle dans les premiers temps de l'histoire du complexe d'Œdipe. Un petit garçon manifestera un intérêt spécial pour son père : il aimerait grandir comme lui, être comme lui et prendre sa place partout. Nous pouvons dire simplement qu'il prend son père comme son idéal. Ce comportement n'a rien à voir avec une attitude passive ou féminine envers son père. Elle est au contraire typiquement masculine...
>
> « L'identification est en fait ambivalente depuis son tout début. Elle peut virer en expression de tendresse comme en vœu de suppression. Elle agit comme un dérivé de la première phase, orale, de l'organisation libidinale dans laquelle l'objet que nous aimons et apprécions est assimilé en le mangeant et se trouve du même coup supprimé. Le cannibale comme nous savons est resté à ce stade ; il a une affection dévorante pour ses ennemis et dévore ceux qu'il aime. »

La problématique de *Totem et Tabou* est évidemment à l'arrière-plan de ce texte qui, tel quel, soulève malgré sa limpidité bien des questions.

D'abord cet axiome freudien énigmatique d'un amour premier pour le père, voire qu'il n'y a d'amour que pour le père. On peut retourner cette proposition dans tous les sens, rien ne paraît la justifier et pourtant elle s'impose à l'observation clinique.

En outre que signifie cette identification, dite primordiale, qui s'opère par dévoration du père ? Comment la comprendre, puisqu'à l'évidence nul n'a jamais mangé son père sinon dans le conte du repas totémique et quelques cannibales ?

Sans doute d'autres concepts freudiens importants, la castration par exemple, sont aussi « invraisemblables » et doivent se comprendre dans un jeu d'équivalence signifiante : la séparation d'avec la mère dans ce dernier cas. Pour la dévoration du père, Freud nous renvoie tacitement à son *Totem et Tabou*, dont nous avons suffisamment démontré l'illusion. Alors?

Aucun auteur psychanalytique ne paraît s'être posé ces questions aporétiques. A l'exception du seul Lacan qui a consacré à ces rares pages sur l'identification toute une année de son enseignement[3]. Que nous apprend-il sur cette identification primaire?

Apparemment bien peu — puisque délibérément Lacan déclare qu'il s'abstiendra de la traiter, mais en donne la raison. Si en effet l'identification primaire, « émergée la première dans l'expérience psychanalytique, est d'une présence clinique massive et véritable toile de fond de toute cure », son abord demeure quasi impossible.

Son effort donc se consacrera à la deuxième forme d'identification dite au *trait unaire*, mis à l'origine de l'écriture. Mais avant d'abandonner la question à qui voudra la relever, Lacan indiqua une voie d'investigation : le terrain de recherche privilégié pour comprendre l'identification au père est celui, disait-il, des religions sémitiques. Ces quelques mots, pris au sérieux, entraînent un véritable renversement de tendance. Des générations de freudiens avaient piétiné désespérément du côté de l'ethnologie, dans l'étude des peuples primitifs ou *chamitiques*. Lacan, lui, suggère : allez voir plutôt du côté des juifs!

Freud, par petites touches, produisit un autre concept célèbre, celui du *sur-moi*. Depuis ses premiers travaux, il devina l'importance pour la psyché du sentiment de culpabilité. Son article sur les rites l'amena à présenter le paradoxe d'une « conscience inconsciente » incarnant le remords.

A partir de son analyse de *Deuil et Mélancolie*, l'idée

---

3. J. Lacan, *Le Séminaire, livre IX : l'Identification* (non publié).

s'affirme que le sur-moi entretient des relations étroites avec la pulsion orale et sa dimension agressive.

Ce concept du sur-moi, apparemment un des plus simples à comprendre, pose pourtant à la théorie psychanalytique quelques-uns de ses « casse-tête » les plus épineux.

Freud l'a défini comme héritier du conflit œdipien, l'intériorisation de l'instance paternelle, en même temps qu'il l'articulait à cette pulsion orale, la plus « archaïque » des instances. Une conception diachronique situerait donc les deux moments principaux de sa formation l'un avant l'instauration de la rivalité œdipienne, l'autre après.

Cette conception a entraîné de multiples divergences entre psychanalystes suivant qu'ils mettaient l'accent sur l'un ou l'autre des moments. Certains ont même posé l'existence de *deux* sur-moi, l'un maternel ou préœdipien, l'autre post-œdipien.

La seconde difficulté nous paraît d'une portée plus grande. Le sur-moi ou conscience morale se manifeste au sujet par des commandements, des paroles, bref sur un mode langagier. Si par ailleurs on pose dans l'oralité son origine, par quelle étrange transmutation, alchimie, l'objet alimentaire devient-il ordre, impératif?

Ce nouveau paradoxe n'a pas échappé à ce lecteur hors pair de Freud que fut Lacan, qui en arriva au postulat suivant : dans la formation du sur-moi, *le sujet avale des paroles.* Comment comprendre un tel phénomène? Lacan ne parvint pas à l'articuler, laissant ouverte cette question comme plus tard celle de l'identification primaire, révélant peut-être que toutes ces difficultés convergent vers un même point non élucidé, voire non élucidable dans l'état actuel de la théorie[4].

En 1925, Freud écrira un article aussi bref que dense :

---

4. J. Lacan, *Le Séminaire, livre IV : la Relation d'objet*, Paris 1994. Éd. du Seuil.

la Dénégation, apparemment loin de notre sujet et qui pourtant l'éclaire. Ce qui se trouve défini dans ces pages, reprenant les développements antérieurs de l'*Esquisse pour une psychologie scientifique*, n'est rien de moins que l'émergence de la pensée, et comme nous ne pensons que par le langage, Freud posait la même question que nous : comment la pensée et donc le langage viennent-ils à l'homme ?

La pensée, soutient cet article, n'émerge qu'avec l'apparition de la négation, c'est-à-dire à partir du moment où dans le continuum du monde, certains objets sont affirmés, introjectés et d'autres écartés.

> « La propriété sur laquelle il faut se prononcer [écrit-il] pourrait primitivement avoir été bonne ou mauvaise, utile ou nuisible. Ce qui revient à dire dans le langage des premières tendances pulsionnelles orales : je veux manger ceci ou je veux le cracher, et dans une transposition plus large : je veux introduire ceci en moi ou l'exclure hors de moi. »

Les premiers pas de la pensée, sa structuration primordiale, se déduisent d'un rapport initial à l'objet oral. Sous une forme imagée, ce principe pourrait se formuler ainsi : avant toute chose, *on pense avec sa bouche, avec ses dents*. Il met en place l'opposition basale *bon/mauvais*, qui entraîne immédiatement celle *intérieur/extérieur*.

Précisément, qu'est-ce que la culture d'un groupe sinon de définir un intérieur par rapport à un extérieur de ce groupe, où le Grec s'oppose au barbare, le juif au goy, le chrétien à l'infidèle ?

La culture d'un groupe laisse profiler son origine dans le fil de l'intuition du repas totémique : l'oralité, les rites alimentaires.

Freud qui ne prêta pas attention aux avertissements des premiers structuralistes contre le totémisme adopte dans *la Dénégation* un schéma qui annonce leurs énoncés :

> « Les animaux du totémisme cessent d'être, seulement ou surtout, des créatures redoutées, admirées ou convoitées. Leur réalité sensible laisse transparaître des notions et des relations, conçues par la pensée spéculative à partir des données de l'observation... Les notions d'opposition et de corrélation, celle de *couple d'opposition* ont une longue histoire[5]. »

Retenons dans ce bref parcours des références freudiennes à l'oralité le lien qui unit cette pulsion à l'Œdipe par le relais obligé de l'identification primaire.

Parmi les élèves de Freud, *Karl Abraham* fut celui qui s'attacha le plus à cette thématique orale, mais aussi à la psychologie des religions — deux questions apparemment sans rapport direct et que l'étude fréquemment rapproche. Nous lui devons d'importants travaux sur la mélancolie en relation à l'oralité, certains écrits qui anticipent les spéculations freudiennes sur Moïse. Il eut aussi l'intuition de l'importance des rites alimentaires dont il souhaita l'étude. Il influença enfin dans cette double inspiration les deux élèves prestigieux qu'il forma, Théodore Reik et Mélanie Klein.

Reik prolongea avec beaucoup de talent les théories totémiques de Freud dans une série d'études sur le rituel religieux, hébraïque en particulier : *Kol Nidré* et *le Choffar*, consacrées à la fête de *Kippour*.

N'est-il pas remarquable que Reik comme Abraham, reprenant les pistes de *Totem et Tabou*, s'engagent immédiatement dans le champ juif, manifestant ainsi une même lecture de l'ouvrage que nous : une métaphore — ratée — du judaïsme ?

---

5. C. Lévi-Strauss, *le Totémisme aujourd'hui*, Paris, P.U.F., 1962.

Dans son *Kol Nidré*, Reik paraît préoccupé par la sorte d'impasse où conduit la théorie totémique et tente de construire un nouveau schéma, proche du texte biblique, autour du terme hébraïque de *Brith* — alliance, pacte, contrat écrit à la fois dans le Livre mais aussi sur le corps par la circoncision — qui lie deux parties : Dieu à son peuple, le Père à ses fils.

Ce contrat sous serment engage fidélité et témoignage réciproque des contractants, énonce les sanctions qui frapperaient le groupe s'il parjurait sa parole.

Le sentiment d'appartenance au groupe s'établit de ce qu'un certain nombre de sujets ont passé le même contrat et l'ont transmis à leurs descendants.

Le schéma de Reik paraît modeste comparé à la grande fresque tragique de *Totem et Tabou* et ne semble pas en mesure de fournir un déchiffrage du phénomène religieux. Du moins a-t-il le mérite de la fidélité aux textes bibliques, voire à l'expérience subjective du croyant, mais surtout celui d'un projet s'écartant du vertige spéculatif sans contrôle pour s'établir sur son véritable terrain, celui du symbole et de l'écriture. La carence principale tient à l'absence de l'oralité dans sa construction.

K. Abraham émet des réserves[6] à l'endroit de ce texte : l'absence de références au totémisme, une mauvaise méthodologie consistant à s'obnubiler sur la fête de *Kippour* sans tenir compte du mécanisme essentiel en matière de rite, le déplacement. On gagnerait, défend Abraham, à s'intéresser aux rites précédant la fête — conseil judicieux, nous le verrons, et l'on peut retourner la critique contre son auteur qui se contente d'examiner un rite pratiqué la veille de *Kippour*, consistant à sacrifier un poulet. Voilà l'animal totémique !

Reik publiera un second article de grand intérêt, *le Choffar*, qui sur le point précis du totémisme en revient à l'ornière que sa précédente étude voulait éviter, celle de *totémiser* à tout prix le judaïsme, effort grotesque

---

6. K. Abraham, *Œuvres complètes*, t. II, Paris, Payot, 1973.

qui produit une prolifération de totems : après le poulet d'Abraham, s'ajoutent le bélier, le taureau ; il oublie qu'aucun ne possède l'attribut premier de tout totem digne de ce nom, celui du tabou ; il oublie enfin que cette multiplication — pourquoi ne pas l'élargir à certains végétaux, blé et vigne, objets de pratiques religieuses complexes ? — dissout la notion même et sa fonction classificatoire.

Cet effort de totémisation n'aboutit en définitive qu'à privilégier des rites secondaires, anecdotiques, comme le poulet d'Abraham, au caractère individuel et non communautaire, en délaissant les riches et complexes rituels où cette dimension communautaire vient au premier plan.

La grande fascination de nos auteurs touche aux rites sacrificiels de l'Antiquité juive. Qui en sous-estimerait l'importance ? Mais il convient de rappeler que l'intérêt principal du psychanalyste n'est ni l'ethnologie, ni l'histoire antique, disciplines certes stimulantes pour sa propre réflexion. Sa tâche est la compréhension des mécanismes *actuels* par lesquels une personnalité se constitue dans ses instances et ses conflits. Aucune personne sensée ne pourra admettre que les sacrifices des bêtes à cornes dans l'antique Judée y contribuent décisivement. Si les pharisiens, ces géants fondateurs du judaïsme actuel, ont supprimé les sacrifices au moment même où ils mettaient en place institutions et rites pour assurer la perpétuation du peuple juif et du sentiment qui le fortifie, on doit supposer que pour eux ils n'étaient pas irremplaçables, qu'à travers ces sacrifices, un mécanisme plus fondamental opérait et qu'on pouvait dès lors, en le conservant seul, faire l'économie de flots de sang animal. Reconnaissons à la réforme pharisienne sa formidable efficacité après l'expérience d'un exil millénaire, et la tentative de donner aux sacrifices animaux un rôle premier apparaît, en contraste, terriblement obsolète.

Ces critiques faites aux efforts d'Abraham et de Reik, il est juste de reconnaître à leurs travaux, entre autres mérites, celui d'une intuition profonde : le thème totémique vient en recouvrement du judaïsme, plus précisément encore vise les rites entourant la fête du *Kippour*. Certes nous les voyons errer, comme à colin-maillard, les yeux bandés à la recherche de l'énigme, l'un disant à l'autre : « Vous brûlez, vous y êtes presque », ils semblent posséder la prescience que là se trouve le lieu où il faut creuser.

Il nous faut enfin évoquer cette autre grande figure de la psychanalyse, Mélanie Klein, qui, sans avoir directement engagé ses recherches sur la question religieuse, a contribué à la déplacer par ses travaux sur l'enfant et l'oralité.

Mélanie Klein, dans l'analyse des tout jeunes enfants qu'elle entreprit, fit une découverte de taille, remaniement profond de la théorie freudienne, celle de l'Œdipe précoce : aussi tôt qu'on l'aborde, l'enfant révèle une problématique liée au père. Certains pédiatres américains ont poussé l'expérience jusqu'à placer des enregistreurs auprès des berceaux de nourrissons à leurs premiers babils et ont confirmé la thèse kleinienne.

Jusqu'alors primait une conception simple et claire, dite génétique ou des stades : l'enfant accomplirait une série d'étapes de maturation, orale d'abord, puis anale, enfin œdipienne, qui organiserait en génitalité les premiers pas fragmentaires de la sexualité de l'enfant. Ce programme, si lourd! auquel s'ajoutent identification primaire, acquisition du langage et de la motricité, l'enfant aurait environ trois ans pour l'accomplir.

Motricité autonome, acquisition du langage, identification primaire

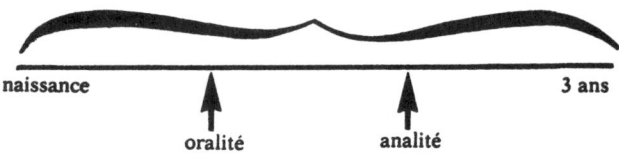

naissance | | | 3 ans
oralité | analité

schéma nº 2

Voici que l'Œdipe précoce kleinien vient écraser cet intervalle temporel déjà bien court, à la limite l'annule. En vérité, cette annulation porte plutôt sur le schéma en stades lui-même, première étape dans l'appréhension des phénomènes qui paraissent synchrones, moments et lieux d'une structure dans laquelle le petit d'homme se trouve d'emblée plongé.

Le virage kleinien ouvre la porte aux conceptions de Lacan — inscrit par là dans une filiation « abrahamique » qu'il n'aura pas peu critiquée : l'enfant et sa mère ne forment jamais duo se complétant — sauf pathologie grave —, mais trio où le nouveau-né perçoit très vite, voire d'emblée, que l'activité, le désir de sa mère, quel que soit son dévouement à son égard, gravitent autour d'un autre pôle que lui, frappé de mystère : le phallus.

Ainsi progressivement s'est imposée dans la théorie analytique — celle en tout cas que nous partageons — une conception synchronique, structurale des principaux concepts. L'oralité n'est plus alors un instant dans l'histoire d'un sujet, mais à jamais présente, mode particulier du rapport de ce sujet à ce qui l'entoure. De la même façon, la fonction paternelle, ses différentes instances, l'identification primaire ne peuvent plus se comprendre comme des actes brefs, uniques, ponctuels, mais comme des phénomènes répétitifs, *actuels*, accompagnant chacun sa vie durant, modifiant sans doute leur place et leurs rapports respectifs, mais indestructibles.

Tel est l'espace théorique où nous souhaitons intervenir pour y proposer des remaniements.

DEUXIÈME PARTIE

LE DISCRET ET LE CONTINU

1

UN ÉTRANGE REPAS

Quelle intuition, quel point obscur du judaïsme — jamais explicité comme tel sans doute — recouvre la notion de repas totémique?

L'énigme gît — nous le savons grâce à Abraham et Reik mais aussi à Lacan, voire à Kierkegaard — dans les parages de la fête de *Kippour* où viennent confluer les thèmes principaux du judaïsme : le sacrifice d'Isaac, le veau d'or, la pureté, l'expiation.

Nous suivrons le conseil d'Abraham à Reik, chercher la clé non dans la cérémonie de *Kippour* elle-même mais dans les rites qui la précèdent.

Kippour appartient dans la liturgie juive à un complexe de trois fêtes, l'une, *Roch Hachana*, le précède de *dix jours*, l'autre, *Souccot*, lui succède. Ses liens sont particulièrement étroits avec *Roch Hachana*, ou « Jour de l'An », marquant la création du monde. L'intervalle qui sépare les deux cérémonies porte le nom de *Yamim noraïm*, « jours du tremblement ». La liturgie nomme aussi *Roch Hachana* « Jour du *Choffar* », corne de bélier, dont la sonnerie se fait entendre constamment tout au long des prières de ce jour[1].

L'examen montre en effet que le thème principal de cette fête grave n'est pas tant la création mythique du

---

1. Pour mémoire, le *Choffar* ne joue qu'un rôle mineur à *Kippour*. Il marque solennellement la fin du jeûne.

monde, mais celui du sacrifice d'Isaac par son père Abraham. L'événement est rapporté, commenté, martelé avec une insistance lancinante durant les deux journées de ce « Jour de l'An ».

Or précisément les festivités démarrent par un étrange rite culinaire, le *seder*, terme qui déjà mérite explication. Ce nom est donné aux *deux repas liturgiques* que comprend la religion juive, le second étant celui de Pâque, mais aussi au plus important des livres juifs après la Bible, le Talmud, désigné fréquemment sous le nom de « six *seder* » ou *Chas*. Un même mot peut ainsi désigner un repas et un livre, rapprochement d'autant plus troublant qu'il existe une homophonie avec le terme usuel qui désigne le livre, *sefer*. Dans son étymologie *seder* renvoie à la mise en ordre d'une séquence, un ordonnancement, une structure.

La prescription de ce repas se trouve dans le Talmud[2] et son rituel définitif est fixé par le maître livre de la *Halacha*, le *Choulhane Aroukh*, ou « Table Servie », de Joseph Caro[3] — décidément, oralité et rites convergent de toute part[4] !

A ce « repas » — les guillemets s'imposent — assiste la famille élargie, parents et cousins, rassemblés ce soir-là autour du patriarche familial, avant d'effectuer le véritable souper. L'atmosphère est grave, de nombreuses pénitences et prières *(selihot)* l'ont préparée depuis un mois.

Au milieu de cette assemblée, qui évidemment évoque le groupe totémique, se trouve un plateau recouvert d'une étoffe. Cacherait-elle l'animal totémique que tant de générations d'analystes ont cherché ?

Ce qui se découvre derrière elle, et où réside effectivement la solution de l'énigme, se révèle, à un premier regard, décevant. Il s'agit non d'un animal, mais de

---

2. Talmud Babli, traités *Keritoth* 10 a et *Horayoth* 12 a.
3. *Choulhane Aroukh* traité *Kaf Hahayim*, chap. 589.
4. Notons cependant qu'aujourd'hui seuls les juifs orientaux, *séfarades*, exécutent entièrement ce rituel alimentaire, simplifié à l'extrême par les juifs d'Europe, ou *ashkenazes*.

Le discret et le continu 61

huit mets, en petite quantité, dont chaque membre de la famille avalera, après l'énoncé d'une formule rituelle, un petit fragment : blette, poireau, datte, courge, sésame, grenade, tête de mouton, pomme enrobée de miel. Ce petit catalogue rend l'énigme totale.

A moins que... le code du rite ne soit lui-même dissimulé ailleurs, dans sa proximité. Effectivement : dans les formules dites avant l'ingestion.

Interroger les pratiquants sur le sens d'un rite n'en a jamais fourni la raison. De même en cette affaire les fidèles interrogés parleront de symboles, de bons vœux pour la nouvelle année, ce qui correspond effectivement à certains éléments contenus dans les formules rituelles, toutes commençant de la même façon : « Que ta volonté, Dieu de nos pères, fasse que... »

L'examen plus attentif de ces vœux montrera déjà une dichotomie en leur contenu. Certains sont « positifs », on se souhaite que l'année soit *bonne*, pleine de *nombreux* événements heureux. On les accompagne de l'ingestion d'aliments-symboles qui présentent ces caractères : *bonne* comme le goût de la pomme, *douce* comme le miel, *nombreux* comme les grains de sésame. Il est étonnant déjà de constater cette étrange manifestation de vœux s'exprimant dans une activité alimentaire.

D'autres aliments-symboles ont un caractère particulier. Ainsi accompagnant le vœu que « ... notre nation soit parmi les nations de tête et non de queue », on mange une tête, de préférence de mouton, mais peu importe : celle d'un poisson, d'un poulet, fera aussi bien l'affaire. Ce qui compte est le signifiant *tête*.

Mais le destin des hommes ne consiste pas seulement en douceurs. Il faut envisager aussi les événements pénibles, les conjurer : les conflits avec les ennemis, les catastrophes naturelles, les maladies qui peuvent survenir, événements qui laissent tous profiler à l'horizon la mort, la castration. Quels aliments vont accompagner ces vœux « négatifs » ? Ici la notion d'aliments-symboles se dissout totalement : on rencontrera la blette, le poireau, la datte, la citrouille, etc. De quoi une citrouille — ô mânes de Cendrillon ! — peut-elle être le symbole ?

Il faut introduire le nom hébraïque de ces végétaux pour atteindre le moment principal du déchiffrage.

NOM DU VÉGÉTAL	NOM HÉBRAÏQUE	VARIANTES
blette	*salk*	
poireau	*krati*	ail = *toum*
datte	*tamar*	fève = *poul*
citrouille	*krâ*	

Un premier vœu de cette seconde catégorie consiste à souhaiter « que *disparaissent* tes ennemis et ceux qui nous veulent du mal ». Le mot « disparaissent » de cette sentence, avant de manger de la blette, se dit en hébreu *ystalekou*, du verbe *silek*. On notera immédiatement l'homophonie avec *salk*, la blette.

Dans les mêmes conditions on énonce « que soient *retranchés* tes ennemis », etc., soit en hébreu *yekaretou*, du verbe *karet*, en homophonie avec *krati*, le poireau.

La malédiction des ennemis se renforce encore d'un troisième vœu analogue : « Que soient *anéantis* », etc., ou *yetamou*, en homophonie — médiocre — avec *tamar*, la datte. Dans certains rites locaux, on a amélioré l'équivalence des sons en substituant l'ail à la datte, l'avantage de cette variante étant de fournir le son *toum*. Ailleurs on préfère substituer la fève, *poul*, qui permet une nouvelle malédiction aux ennemis : « Qu'ils *tombent* », *yepoulou*.

Enfin un dernier vœu demande d'*annuler* de mauvais décrets divins à notre égard, *tikrâ*, associé à la citrouille *krâ*.

La nature du procédé, répété au moins quatre fois, ne fait pas de doute, il ne s'agit pas d'une coïncidence fortuite mais d'une propriété systématiquement recherchée : *les mets du repas symbolique ne se trouvent là que pour leur nom, pour les phonèmes qu'ils contien-*

Le discret et le continu

nent. Ne va-t-on pas jusqu'à substituer l'ail à la datte ? *Ils sont le support de sons, de signifiants.*

L'invocation de la mort fait surgir la pure dimension phonique du signifiant. Mais le rite ne se suffit pas de l'immatérialité de la voix, il injecte les phonèmes dans une matérialité alimentaire. Or, un signifiant matérialisé devient l'équivalent d'une écriture[5]. *L'aliment devient une lettre.*

Le procédé évoque le rébus ou l'écriture hiéroglyphique aussi bien que les techniques du Midrach. Il se complète de l'acte de manger.

Ainsi parvenons-nous à dégager cette signification latente du *seder* : incorporer, manger des mots, de l'écriture, où, suivant l'expression d'un auteur fondamental en ces questions, saint Jean : « Le mot devient chair et habite parmi nous. » Tel serait le véritable « repas totémique » freudien, cette dévoration du père : *manger de l'écriture en commun, moment fondateur du sentiment de groupe dans un acte cannibalique singulier, manifestant avec éclat cette passion, amour et haine confondus, de l'être humain pour le signifiant.*

La place de cette cérémonie dans le calendrier lui confère toute sa portée. Par elle, se déclenchent toutes les festivités qui marquent l'An Nouveau. Elle symbolise l'acte premier de la création du monde, soit pour chacun le point d'où émerge sa psyché.

En ce moment privilégié, par son incorporation de signifiant, l'homme renouvelle le pacte fondamental qui le lie au langage.

---

5. J. Lacan, « l'Instance de la lettre dans l'inconscient », in *Écrits*, Paris, Le Seuil, 1966.

2

DE L'ÉCRITURE AU LIVRE

Le phénomène que nous venons de mettre en évidence : manger des mots, manger de l'écriture, paraît ouvrir, comme après une pénible ascension, une perspective sur un large paysage comprenant aussi bien la théorie psychanalytique que sa clinique mais, au-delà, une compréhension rafraîchie de la psychologie des religions, de certains faits culturels énigmatiques. Nous y viendrons.

Il paraît d'abord plus urgent d'élargir la mince brèche qu'ouvre le déchiffrage d'un seul rite alimentaire juif à l'ensemble des manières de table du judaïsme.

Nous voici déjà averti que l'homme n'entretient pas avec ses aliments un simple rapport de besoin, que le *nom* de l'aliment, ses attributs symboliques jouent dans la subjectivité un rôle que Lévi-Strauss[1] décela déjà chez les primitifs pour qui « les espèces naturelles ne sont pas choisies parce que "bonnes à manger" mais parce que "bonnes à penser" ». Sur ce plan les êtres humains sont tous primitifs.

L'association du verbe à l'aliment est une donnée massive du ritualisme juif. L'homme pieux ne consomme pas une parcelle d'aliment solide ou liquide

---

1. C. Lévi-Strauss, *le Totémisme aujourd'hui, op. cit.*

sans prononcer une formule rituelle de bénédiction, *bracha*. Non seulement la parole précède l'incorporation mais elle la suit en créant une sorte de « sandwich » symbolique autour de tout ce qu'il avale. L'aliment est ainsi consacré[2], sanctifié, il change de nature par cette infiltration de paroles.

En outre il convient, à table, d'échanger des propos de Torah, sans quoi l'acte de manger, disent les sages, devient idolâtrique, bestial. Ce cortège symbolique élève l'acte animal de manger au rang d'une activité conforme à la nature humaine.

Mais l'ensemble de ces rites accompagnateurs de la nourriture, si importants, constitue une sorte d'application *externe* du verbe à la chair, superficielle, qui ne justifie pas à elle seule notre affirmation qu'il y a du « manger des mots ».

Nous savons que le juif pieux ne consomme pas n'importe quelle nourriture mais seulement celle dite *cacher*, c'est-à-dire conforme à un vaste complexe d'interdits alimentaires, la *cacheroute*, pièce maîtresse de la *Halacha*. Aucun fidèle ne mangera une viande, une boîte de conserve, si elles ne portent pas à même la viande ou sur une étiquette le sceau rabbinique. Il n'est pas excessif d'avancer que ce label est incorporé en même temps que l'aliment[3], mais cette écriture appartient encore au rapport extrinsèque.

Une tentative de déchiffrage de la *cacheroute* elle-même, au-delà des rites qui la doublent, implique l'examen sans détour de ses règles. Le noyau en est consigné dans le Lévitique. Mais elle est désormais inséparable des commentaires, ajouts, complications que l'exégèse rabbinique y a apportés, véritable maquis législatif dispersé dans des ouvrages d'accès difficile : plusieurs

---

2. Mécanisme à rapprocher bien sûr de la consécration de l'hostie, sur laquelle nous reviendrons.
3. Cette remarque est à rapprocher de ce que Wolfson écrit dans son livre, *le Schizo et les langues*, Paris, Gallimard, 1970.

traités talmudiques — mais principalement *Houlin* —, l'œuvre juridique de Maïmonide et de Joseph Caro, sans oublier les textes kabbalistiques qui justement tentent d'en donner la raison, tâche évidemment écrasante. Fort heureusement plusieurs auteurs ont déjà réalisé, plus ou moins complètement, cette compilation. La rigueur de notre démarche exige de n'avoir recours qu'à ceux qui sont « orthodoxes », c'est-à-dire restés au plus près de la tradition. Nous avons choisi parmi eux l'ouvrage clair et commode de I. Grunfeld, *Jewish Dietary Laws*[4], qui expose succinctement ces règles et leurs principales justifications.

Grunfeld résume d'emblée la position prédominante des théologiens juifs : les lois de la *cacheroute* constituent l'élément le plus important de la religion juive. Selon lui, elles ont littéralement « pétri le caractère de la nation juive » conformément à l'expression biblique qui accompagne invariablement leur énoncé : « Et vous serez saints comme je suis saint[5]. »

Ainsi il n'est pas fait mystère : l'effet principal attendu de la *cacheroute* est *psychologique*, il fonde le sentiment communautaire dans un mécanisme d'identification. Un auteur aussi éminent que Maïmonide a voulu proposer d'autres raisons, hygiéniques et médicales, à ces lois diététiques, mais la tradition les a rejetées, estimant que l'aspect moral et psychologique prime sur toute autre considération.

Comment donc des règles alimentaires posséderaient un effet moral et psychologique ? L'obscurité commence là et elle est épaisse, entraînant d'importantes divergences entre commentateurs partageant pourtant la même intuition : l'aliment a un effet psychique. Ne savons-nous pas que la consommation de certains produits : alcool, drogues, psychotropes, agit puissamment

---

4. I. Grunfeld, *Jewish Dietary Laws*, Londres, Soncino Press, 2 vol., 1972.

5. Cf. par exemple Lévitique, II-44. Le mot *raison* se dit *ta'am* en hébreu et signifie aussi le *goût* d'un mets. Par ailleurs, Maïmonide, expliquant dans son *Guide* le sens allégorique du verbe *manger*, le traduit par *savoir*.

sur l'esprit ? Pourquoi, plus subtilement, *tout* aliment n'aurait pas un effet positif ou négatif sur la psyché ? Corps et esprit ne forment-ils pas une unité ? affirment les théologiens juifs, dans une étonnante position matérialiste. L'effet de la matière sur l'esprit aurait été *révélé* aux hommes dans la *cacheroute*, comme savoir divin, énigmatique, impénétrable.

Il convient de rappeler ce que nous avions commencé à dire : la *Halacha*, conformément à la dichotomie structurale du judaïsme, comporte deux types de règles, les *michpatim*, lois intelligibles rationnellement, et les *hokim*, que la raison ne peut d'emblée pénétrer. Les lois alimentaires appartiennent évidemment à cette seconde classe aux côtés, étrangement — Grunfeld ne manque pas de le relever —, de celles qui règlent la sexualité. D'ailleurs le premier interdit divin adressé à Adam et Ève concerne précisément ces deux domaines. L'homme ne devra pas manger du fruit interdit. Pourquoi ? Parce que cette ingestion lui ouvrirait les portes du Savoir et la première découverte que le couple originel fit après sa transgression fut précisément celle de sa « nudité », de sa nature sexuelle, avec pour première conséquence la *mort*. Les lois alimentaires se déduisent par des chemins obscurs de cet événement premier. Cette réflexion sur le « péché originel » sous-tend en définitive notre effort présent.

Comment en effet ne pas relever l'étrange paradoxe : manger un objet entraîne un savoir ? Or, existe-t-il un savoir, et particulièrement le plus fondamental, celui de la division sexuelle, de la castration de la femme, qui ne soit pas *articulé*, c'est-à-dire constitué de signifiants ? Ainsi le fruit défendu était potentiellement une écriture, ce que précisément nous voulons vérifier dans la *cacheroute*.

Les lois alimentaires comprennent — il fallait s'y attendre et le nombre *deux* constitue le *chiffre* de toute l'opération comme sans doute de l'ensemble du judaïsme — deux volets d'importance inégale concernant : les produits végétaux, l'alimentation carnée.

La *cacheroute* végétale paraît d'une importance mineure. Tous les fruits et légumes sont en principe permis, le végétal révélant ainsi une sorte d'innocence. L'homme premier est imaginé végétarien par la tradition. Ce serait à partir du Déluge, par suite de l'évolution plutôt dégénérative de l'espèce humaine, que les descendants de Noé commencèrent à se nourrir de viande avec les premières règles limitant ce régime. Toutes les espèces végétales sont licites à l'exception, importante, des produits obtenus par croisement d'espèces.

A cette exception s'ajoutent d'autres limitations, mineures en apparence, qui pourtant ouvrent une voie d'explication à l'ensemble des règles alimentaires. Elles reposent sur le même principe : une récolte ne peut être consommée qu'après avoir subi une série de prélèvements, prémices, dîme, part pontificale ou *terouma*. Ce principe parcourt de part en part tout le rite : couper, séparer dans un continuum un reste au statut sacré devant retourner à Dieu ou à ses prêtres. Ce souci de souligner la fonction d'un *reste*, objet perdu pour le sujet, connaît de multiples manifestations, la plus connue étant la circoncision. A la limite, le peuple juif se considère lui-même comme incarnant au regard de la communauté humaine ce reste consacré.

Que signifie ce rite essentiel ? Lévi-Strauss a montré à partir d'autres champs d'étude que nous rencontrons là *statu nascendi* l'émergence du symbolique, constitué par le retranchement d'une fraction dans une série continue, transformée en série d'éléments discontinus, discrets. Le monde réel des aliments végétaux, criblé par ces trous, peut entrer dans une grille classificatoire, appartenir *intrinsèquement* à l'ordre symbolique [6].

---

6. Nous caractérisons, après Lacan, l'ordre symbolique ou langage par deux propriétés : le discontinu et l'articulation. Ce premier déchiffrage met en évidence la première, la seconde nous apparaîtra bientôt.

Le discret et le continu

Manger de tels aliments rejoint ainsi la loi d'incorporation du symbolique.

Avec l'alimentation carnée cette loi atteint sa pleine rigueur.

La grande raison biblique, qui condense en définitive toutes les significations du manger *cacher*, est l'identification par l'oralité à Dieu, à ce Yahvé juif qui ne tolère aucune matérialité, aucune représentation. N'y a-t-il pas là paradoxe et comment la *cacheroute* le résout ?

Nous avons longuement examiné la réponse apportée par les premiers psychanalystes : les juifs ne mangent que certains ruminants parce que, en vérité, ceux-ci étaient à l'origine leurs véritables divinités, leurs totems. En les ingérant, ils s'identifient à eux. Cette thèse soulève une foule de questions, certaines déjà examinées, sans même rendre compte de l'ensemble des données. Par exemple : pourquoi telle espèce de poisson est permise, telle autre non ? Elle néglige la complexité des rites, contourne l'interdit farouche de toute absorption de sang, pourtant âme même du totem, ce qui faciliterait grandement les mécanismes identificatoires.

Mais surtout elle suppose que, sous des formes à peine voilées, le monothéisme juif reste un paganisme. Cette réponse des psychanalystes va ainsi à l'encontre de l'expérience millénaire d'un peuple dont on pourrait dire que la seule raison profonde d'exister comme différent tient à cette fonction : briser les idoles. Le grand dérapage de Freud et de ses premiers élèves fut — le mérite revient à Lacan de l'avoir montré — cette étrange méconnaissance de la signification d'un des plus prodigieux événements de l'histoire humaine : l'émergence du monothéisme. A l'inverse de Kierkegaard, Freud le juif n'a pas voulu comprendre le virage radical de la subjectivité humaine que représente le sacrifice fictif d'Isaac, auquel se substitua le bélier. Abraham y a manifesté la fin définitive du culte d'ancêtres animaux imaginaires. Sur le Moriah s'est clos le culte de Ram et de ses équivalents. La réponse à l'énigme de l'identification qu'apporte la tradition juive se situe aux antipodes. Avant de l'examiner, situons-la brièvement.

L'alimentation carnée implique inévitablement une lourde violence, un meurtre, le sang versé. Comment cet acte ne ferait-il pas écho à cette charge agressive, toujours sur le point de jaillir, si caractéristique de notre espèce? Aussi convient-il de traiter cette question, comme le fait la tradition juive, avec beaucoup de prudence, en tout cas avec des rites précis qui comme toujours font compromis entre violence et remords.

Est-ce la trace de ce remords latent qui résonne dans la tendresse si grande à l'égard de l'animal, dont font montre les textes aussi bien bibliques que talmudiques? Ne pas séparer un veau de sa mère dans les sept jours qui suivent la naissance; un homme ne doit jamais se mettre à table avant d'avoir nourri ses bêtes; les animaux ont droit au repos sabbatique; il ne faut pas sacrifier en même temps des animaux proches parents, atteler ensemble l'âne et le bœuf : tels sont quelques-uns des écrans que le texte biblique interpose entre l'animal et la cruauté humaine. Aux points d'exacerbation pulsionnelle, le rite multiplie les protections.

On ignore souvent que le judaïsme considère ses rituels comme particuliers, sans vocation universelle, attachés à sa fonction de prêtre du monothéisme et dont les gentils sont totalement dispensés. Cependant une loi alimentaire lui paraît indispensable à respecter pour tout homme digne de ce nom : ne jamais prélever et consommer un membre d'un animal encore vivant. Elle appartient aux sept lois fondamentales que toute l'humanité, dite *noachide*, doit respecter.

Dans ce contexte, la théologie juive, à contre-courant des spéculations des premiers analystes, contient une théorie de l'identification primaire, de type *négatif-passif* : on s'identifie à la sainteté de Dieu en *évitant* soigneusement de s'identifier à l'animal, en mettant

Le discret et le continu

l'écran du rite entre soi et sa cruauté inévitable, en se protégeant de toute souillure.

Ce que nous voulons montrer va au-delà. Une théorie *positive-active* de l'identification existe implicitement dans le judaïsme, complétant, soutenant la précédente. A ma connaissance elle n'a jamais été explicitée. On s'identifie à Dieu en incorporant cette « partie » qui lui coexiste de toute éternité, par qui et dans laquelle l'action divine se déploie : le Verbe, la Loi, la Torah.

Pour le montrer, il faut dès lors entrer dans le détail des règles qui conduisent de l'animal au plat cuisiné *cacher*, règles qui paraissent à un premier abord complexes, inextricables. Nous allons constater qu'elles obéissent à quelques lois simples.

La première pourrait s'appeler *loi historique* ou *théorique* : *les rites carnés répètent dans leurs grandes lignes les antiques règles du culte sacrificiel* qui se déroulait dans l'ancien Temple de Jérusalem. Malgré sa destruction, le *Hourban*, les rites perpétuent le souvenir, la mémoire ancestrale du groupe.

Lévi-Strauss y a insisté après Freud : le rite, religieux ou obsessionnel, se soutient toujours d'un mythe, plus précisément d'un mythe concernant l'origine que le groupe se suppose. Le rite apparaît comme un mythe — aussi bien une page d'Histoire ou de légende — pétrifié, une « parole gelée ».

L'ensemble des rites et de la mythologie fondatrice, des légendes, de l'histoire réelle d'un groupe s'agrège en une mémoire repérable à chaque moment du rite qui la résume, en un lieu de synchronie, instance matérialisée chez certains peuples et d'abord chez les juifs : celle du Livre, avec sa dimension d'Histoire.

Manger *cacher* met ainsi en résonance ce premier ensemble de faits, de la plus haute importance subjective.

La particularité du judaïsme tient à l'impression de cette structure, non dans une simple cérémonie « symbolique », mais dans un tissu rituel qui injecte le Verbe dans le plus intime de l'aliment. Elle y parvient par la seconde loi, ou *loi pratique*, qui consiste à appliquer une succession de criblages, de séparations en deux classes, le permis et l'interdit. Chaque étape de ce processus prend départ dans un continu et s'achève dans un discontinu.

Cette opération fut déjà évoquée à propos du végétal. Elle se développe dans toute son ampleur avec l'aliment carné où elle se trouve répétée un nombre élevé de fois.

Dans l'ensemble des êtres animaux, un premier criblage massif écarte l'ordre des invertébrés pour ne retenir que celui des vertébrés, puis, dans celui-ci, n'accepter comme permis que mammifères, oiseaux et poissons, rejetant comme abomination les reptiles. Ces deux premiers tris provoquent d'emblée quelques réflexions.

La proscription des invertébrés — tout comme celle des reptiles qui obéit aux mêmes raisons — met en lumière un trait fondamental du judaïsme, retrouvé au-delà de ces questions alimentaires[7] : n'est admis que l'objet précis, défini dans sa forme et ses limites, articulé. Au contraire, celui au caractère « visqueux et mou », qui présente une forme fluctuante, caractère évident de bien des invertébrés, mollusques et vers en tous genres, répugne — considéré comme l'impureté suprême, à peine inférieure à celle du cadavre. Le mode de locomotion de beaucoup de ces espèces animales, la *reptation*, rattachable à la variation de morphologie que nous évoquions, paraît jouer un rôle important dans cette répulsion. Tout ce qui rampe est appelé *cherets*. N'est-ce pas la malédiction qui frappa le serpent après la faute du jardin d'Éden — où nous vérifions l'articulation constante du rite et du mythe ?

Mais pourquoi précisément ramper serait une malé-

---

7. Dans la législation sur le prêt par exemple.

diction ? Une explication vient à l'esprit : ramper, c'est maintenir un contact étroit avec la matière, la terre. Freud admettait que ces termes symbolisaient la mère — comme l'équivoque du langage le suggère directement. La reptation, l'adhésivité à la terre, apparaît comme la grande figure du mal, pas forcément de l'inceste, mais de la non-séparation fusionnelle. La visée profonde des rites alimentaires se confirme comme recherche d'une interposition, au point où le sujet tend le plus facilement à revenir à son lieu d'origine, de l'ordre séparateur du symbolique, elle oppose ce qui est érigé et désirant au rampant, l'élévation de la pensée à sa confusion. Derrière la grille formelle d'une classification, à chaque étape s'entrevoit sa raison, celle du désir et celle d'une éthique, tempérance particulière de la jouissance.

Ces développements paraissent mis en échec par une modalité particulière d'invertébrés : les insectes. Ne sont-ils pas dépourvus du caractère de viscosité et d'adhérence et parfaitement définis, ne sont-ils pas articulés, d'où leur nom scientifique d'arthropodes ? Sans doute, mais ici l'articulation, sous forme de carapace, est externe et non intériorisée comme un squelette. Dépourvu de celle-ci, l'animal perd ce caractère articulé qui ne lui est pas intime, structural, mais surimposé, il devient semblable aux autres invertébrés. Au secours de ces quelques arguments, peu convaincants au premier abord, vient une étrange exception : un insecte parmi tous est considéré comme *cacher*, une variété de criquet qui selon le Talmud aurait la particularité d'avoir inscrit naturellement sur son corps, grâce à un jeu d'écailles pigmentées, une écriture, la lettre *aleph*. Ce cas particulier, sans grande importance pratique, a le mérite théorique de nous conforter dans notre hypothèse : la *cacheroute* vise à imprimer l'écriture *dans* l'aliment. Quand elle existe déjà...

Dans une nouvelle étape, chacune des trois classes permises se voit soumise à un nouveau criblage, principalement suivant des critères anatomiques — révélateurs, dit avec pertinence la tradition, de la psychologie de ces animaux —, mais aussi d'après les mœurs de l'espèce, avec la même finalité : éviter la consommation d'animaux cruels, trop « vifs » (Grunfeld), c'est-à-dire manifestant une certaine exaltation du corps. Les manger conduirait à s'identifier à eux, à privilégier les activités physiques au détriment du spirituel.

Les critériums anatomiques, notons-le, servant à la séparation sont toujours doubles. Ainsi parmi les mammifères seuls sont permis les ruminants, à la seconde condition de posséder des sabots fourchus. Le criblage se fait ainsi non seulement suivant deux caractères — le sabot *fendu* insiste sur l'impératif duel —, mais ceux-ci sont de plus indépendants. L'animal permis « articule » par leur coexistence dans l'unité de son anatomie ces deux traits irréductibles. Il semble porter comme en impression la notion de structure. Les poissons obéissent à cette même loi des deux critères articulés. Ils doivent posséder, pour être permis, à la fois des écailles et *deux* ouïes symétriques. Se trouvent par là même éliminées toutes les espèces à morphologie reptiloïde — anguilles par exemple —, visqueuse, imprécise.

Le statut des oiseaux est plus flou. Sont éliminés ceux présentant l'anatomie des oiseaux de proie : bec et serres. Mais en outre un second caractère assez vague est mis en jeu : la « vivacité », c'est-à-dire les oiseaux ayant un plumage trop vif, ceux ayant une grande aptitude au vol, pouvant se nourrir sans se poser. Les oiseaux « ternes » — nous aimerions dire peu narcissiques —, essentiellement ceux de basse-cour, sont retenus, car ne risquant pas d'induire par identification une exubérance des activités physiques.

Les différentes espèces étant définitivement choisies après trois tris successifs, l'opération cruciale suivante est celle de l'abattage de l'animal selon un rituel com-

Le discret et le continu

plexe d'égorgement[8] qui reproduit celui antique des sacrifices. Sur un plan formel — auquel nous attribuons la place prévalente — elle aboutit à l'action obsédante d'un nouveau clivage asymétrique : le sang d'une part, la carcasse de l'autre, répétition de la discontinuité.

La consommation du sang est proscrite avec une exceptionnelle sévérité, les précautions pour en éliminer toute trace sont nombreuses et précises. Pourquoi ? Bien des raisons en ont déjà été données précédemment, mais il convient d'en rappeler la principale : le sang c'est la vie, le support de l'âme de l'animal.

La tradition insiste sur le double danger de cette incorporation. D'abord celui d'une cruauté excessive, d'un abus à l'égard d'une créature : on ne se contente pas d'utiliser sa chair, on s'en approprie aussi l'âme. Aussi enterre-t-on symboliquement le sang de la bête sacrifiée. L'autre danger, désormais familier, est l'identification à l'animal précisément en incorporant son sang, donc son âme. La transgression de l'interdit du sang est puni de *karet*, d'une mort automatique infligée par Dieu.

La bête sacrifiée subit un examen *post mortem*. Toute lésion des viscères entraîne son élimination.

Nous voici désormais devant des carcasses d'animaux purs, sains, abattus suivant les règles. Le fidèle peut-il consommer cette viande ? Nullement. Les opérations de criblage, de séparation vont se poursuivre, voire s'intensifier.

Déjà seuls les quartiers avant sont permis, les arrière, les plus recherchés par les actuels consommateurs, sont interdits, clivant la bête en deux. La raison de cet interdit se trouve clairement énoncée dans le récit biblique de la lutte de Jacob et de l'Ange. Le patriarche garda le dessus, ce qui lui valut son nouveau nom d'Israël, « fort contre Dieu ». Par contre l'Ange lui démit la hanche et Jacob-Israël sera désormais boiteux.

---

8. Il ne concerne évidemment pas les poissons qui ne subissent plus désormais d'opérations rituelles avant consommation et ne sont pas considérés comme « viande ».

En souvenir de cet événement essentiel d'où émergent à la fois un peuple et un signifiant nouveau, Israël, la Bible prescrit un rite alimentaire : « C'est pourquoi jusqu'à ce jour les Israélites ne mangent pas le nerf sciatique qui est à l'emboîture de la hanche, parce qu'il [Dieu] avait frappé Jacob à l'emboîture de la hanche, au nerf sciatique [9] », interdiction élargie pour des raisons pratiques à l'ensemble des quartiers arrière de l'animal. Le lien entre la « mythistoire » et le rite est ici éloquent : le rite alimentaire rappelle, transmet l'histoire du groupe humain concerné en un aide-mémoire incontournable, il assure par là la cohésion du groupe.

La partie restante subit un nouveau clivage : les graisses viscérales sont interdites. La raison mystérieuse de ce nouveau commandement touche, semble-t-il, à l'essentiel. Le Lévitique se contente d'indiquer : « Toute la graisse est à Dieu », c'est-à-dire la meilleure part, la substantifique moelle, rejoignant la longue série de prélèvements déjà effectués : *terouma*, prémices, dîme. Cette part incarne en elle, comme un excès de jouissance, un plus-de-jouir, dont il faut se séparer pour assurer une jouissance réglée, médiatisée dans un ordre culturel qui prône le discontinu.

A ces données, assurées désormais, Grunfeld ajoute une nouvelle perspective que les psychanalystes apprécieront, tout à fait dans l'esprit du Midrach : la graisse viscérale est sans doute interdite à cause de son nom, *helev*, très proche dans sa phonétique et son écriture de *halav*, le lait. Or, nous le verrons bientôt, le dernier interdit alimentaire, fondamental, concerne la proscription du mélange lait-viande. Cet auteur rabbinique confirme ainsi notre clef de compréhension : un aliment entre dans le rite d'abord par son nom. Éviter de le manger permet de ne pas incorporer une certaine écriture considérée comme mauvaise.

Les opérations de tri arrivent presque à leur terme. Il

---

9. Genèse, XXXIII-33.

ne reste plus qu'à éliminer les vaisseaux sanguins pour une raison évidente, et la viande peut désormais être vendue comme *cacher*.

La ménagère doit cependant observer un dernier rite : laver et saler la viande pour la débarrasser de toute trace de sang avant — enfin! — de la servir à sa famille.

Il faut cependant faire ici une station. La longue suite de séparations nous paraît avoir été mue de bout en bout par la volonté de créer un discontinu à partir d'un continuum, opération essentielle dans le passage de la nature à la culture. Mais le rite ne va-t-il pas aboutir inévitablement, malgré son obstination, à l'échec de cette visée ? Un moment doit bien venir où le reste de la division sera entièrement bon, *restaurant l'ordre du continu* ?

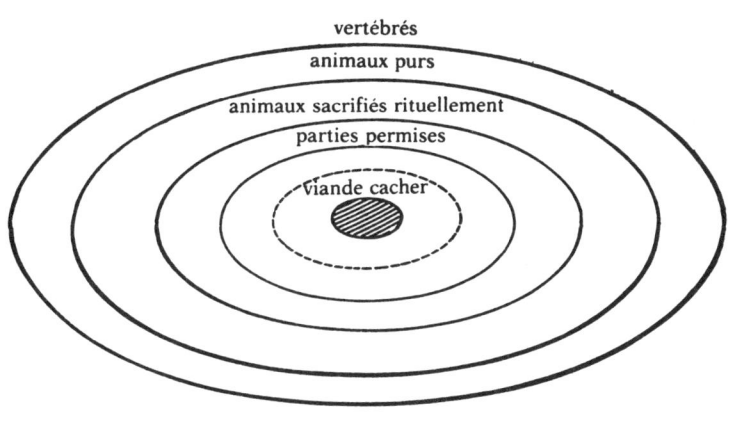

schéma n° 3

Le bon sens veut que cette objection soit rejetée car on ne voit pas comment pousser indéfiniment le clivage. Pourtant, la tradition juive parvient à ce but par un dernier interdit alimentaire, le plus étrange peut-être, le plus obscur certainement, qui règle la *cacheroute* : la prohibition absolue du mélange *lait-viande*.

Le non-juif aura du mal à imaginer les conséquences extrêmes de cet interdit. Il suffira de savoir qu'aucun ustensile de cuisine, aucun appareil de nettoyage ne doit être commun au *milchig* et au *fleischig*. Les précautions à prendre au cours d'un repas sont impératives pour éviter le mélange. A la limite il faudrait posséder deux cuisines différentes. Cette règle d'apparence anodine, note Grunfeld, imprime aux foyers juifs pratiquants leur atmosphère particulière.

Sa référence scripturaire biblique se trouve dans un verset répété trois fois : « Tu ne feras pas cuire le petit [ruminant] dans le lait de sa mère. » Le Talmud a étendu l'interdit à l'ordre des oiseaux et au-delà à un usage qui ne serait pas alimentaire, mais industriel.

Quelle est la raison de cet interdit ? Les théologiens unanimes avouent qu'elle est inconnue à l'homme ou, comme le dit un docteur médiéval, Ibn Ezra, « la raison de cette prohibition a été effacée aux yeux du sage ». Néanmoins certaines explications, jugées par la tradition insuffisantes, mais pourtant intéressantes, ont été tentées.

Pour le Talmud le lait n'est que du sang transformé par la mamelle. Le contact de la chair présenterait le risque d'un processus inverse. D'autres interprétations rattachent cet interdit à l'ensemble des *kilayim*, ou prohibition générale du mélange d'espèces différentes mais ayant certaines propriétés communes : tisser ensemble lin et laine, atteler sous un même joug l'âne et le bœuf, cultiver en association certains végétaux, accoupler des animaux d'espèces différentes. Manifestement ces tentatives nous paraissent à la fois pertinentes et pourtant n'aboutissant pas.

Karl Abraham[10] rencontra dans sa clinique ce même problème et y apporta une réponse voisine. Un patient schizophrène — dont la religion n'est pas mentionnée —

---

10. K. Abraham, *Œuvres complètes*, t. II, Paris, Payot, 1977.

Le discret et le continu

ne supportait pas le mélange lait-viande. « Une association m'apprit que le goût de la viande lui rappelait celui du lait, que tous deux étaient " gras et sucrés ". De même que pour le lait il pouvait éprouver un brusque désir de viande, que *c'était comme s'il cherchait à remplacer la chair humaine*. De là la voie associative menait au fantasme de mordre le sein féminin. L'articulation de la chair et du lait était révélée ici. » Abraham nous paraît se satisfaire un peu vite de cette « articulation » que des siècles de théologie juive n'ont pu résoudre et qu'il expédie en quelques lignes — certes d'intérêt.

Maïmonide mérite, sur cette question, une attention particulière car il propose à l'énigme lait-viande deux solutions.

La première est médicale et diététique. Le médecin qu'il était estimait peu digeste un plat fait de viande et de crème, explication marginale au regard de la visée psychologique du rite : former la personnalité.

Mais Maïmonide a aussi tenté une seconde hypothèse, beaucoup plus séduisante, où il présuppose le lien que nous ne cessons de souligner, du rite et de l'histoire-mythe. Si le mélange lait-viande paraît si grave, il doit toucher à une question grave, fondamentale. Or, à quoi visent fondamentalement les interdits hébraïques ? A extirper l'idolâtrie. On peut donc supposer une connexion entre le paganisme et le mélange lait-viande. Maïmonide en inféra qu'il devait exister dans les cultes cananéens prémosaïques un rite consistant à faire cuire un petit ruminant dans le lait de sa mère. La proscription énergique de cette pratique établit une rupture avec l'idolâtrie[11].

---

11. Cf. *Encyclopedia judaica*, article « Dietary Laws ». Ceci ouvre peut-être une voie pour comprendre d'autres interdits, celui du porc par exemple. On trouve un autre rite idolâtrique grec, en l'honneur de Déméter, déesse de la Terre, les Thesmophories. Celles-ci, pratiquées par les femmes, consistaient à jeter dans des caves des cochonnets qui une fois morts et avariés étaient mélangés avec les semences et déposés sur un autel. Ce rite, dans sa signification, nous paraît proche de celui de Canaan.

Or, cette spéculation audacieuse s'est trouvée vérifiée en notre siècle grâce à la découverte archéologique des écrits ougaritiques. Il existait bien dans l'antique Canaan une fête de la fécondité qui consistait à cuire un chevreau dans le lait de sa mère, accompagnée des habituelles orgies sexuelles sacrées. La perspicacité du grand talmudiste laisse rêveur.

Néanmoins sa réponse ne fait que déplacer la question : pourquoi, dans l'imaginaire cananéen, ce rite pouvait-il favoriser la fécondité de la terre ? La réponse paraît claire : en annulant l'interdit de l'inceste. Qu'est-ce en effet que cet interdit ? Lacan le formule excellemment ainsi : interdit double, d'une part il vise la mère dans une injonction : « Tu ne réincorporeras pas ton produit ! », d'autre part l'enfant, qui doit renoncer à désirer sa mère. En plaçant le chevreau mort « dans le lait de sa mère » dans un rite adressé, rappelons-le, à une divinité maternelle, on annule symboliquement le premier terme de l'interdit.

Quelle que soit la portée de cette interprétation, elle n'épuise pas la signification de l'interdit lait-viande, la clé de voûte, en définitive de la *cacheroute*. La fonction formelle, structurale, de ce rite va au-delà, tout en l'englobant, de la précédente signification.

Jusqu'ici cet interdit essentiel apparaît comme isolé dans l'ensemble de la *cacheroute* carnée. Il lui est en fait intimement articulé et achève son dispositif.

Nous étions en effet resté quelque peu « en panne » dans l'analyse de la série d'opérations de clivage qui aboutit à la viande *cacher*. Un moment devait bien arriver où le discontinu s'abolirait dans un reste continu si... précisément à ce moment ultime, la mise en place de l'interdit radical du mélange lait-viande, chacun parfaitement licite, ne *réintroduisait définitivement le 2*, le clivage de l'aliment.

Le discret et le continu

Mais, en outre, cette loi permet enfin de franchir la dimension du discontinu, nécessaire mais non suffisante pour fonder l'ordre signifiant. Elle introduit la seconde dimension indispensable au symbolique : *l'articulation*. Lait et viande apparaissent comme deux termes articulés dans une opposition binaire, l'un excluant l'autre, suivant la loi synchronique du signifiant.

Enfin, cette loi construit également une articulation diachronique, temporelle. L'usage veut en effet qu'un repas, un menu, présente un ordre conventionnel : entrée-viande-dessert. Après tout rien n'empêche d'inverser ces termes. L'interdit lait-viande crée, lui, dans le repas juif une « syntaxe » impérative : le sujet peut consommer du lait *avant* de manger de la viande, mais il ne peut pas en consommer *après*.

Ainsi non seulement le mélange lait-viande fait émerger le signifiant, en le matérialisant dans l'aliment il lui donne statut d'écriture, mais en outre il institue une vectorialisation du temps et par là même un embryon de grammaire. *Ce ne sont plus des mots qu'on mange, ce sont des phrases.*

Nous voici au terme de cette analyse structurale de la *cacheroute*. Qu'enseigne-t-elle ?

D'abord cette confirmation de l'intuition de Freud dans la *Verneinung* — que la pensée émerge, constitue ses catégories primordiales dans l'oralité et le rapport à l'alimentaire. Le judaïsme pousse les choses si loin qu'il en vient à transformer tout ce qu'il mange, par des procédés différents mais convergents, en un objet structuré comme une écriture. Quand le juif mange la moindre bouchée il évoque avant de l'avaler tout un réseau classificatoire précis, il opère secrètement une sorte d'analyse chimique : que contient cet aliment, d'où vient-il, suivant quel rite a-t-il été préparé ? — et à chacun de ces rites est appendue une grappe de faits mythistoriques.

Se dégage surtout avec une insistance implacable, à la fois dans la forme comme dans les significations, le nombre 2, matrice de toute logique : vrai ou faux, V ou F, 0 ou 1. Une tension s'exprime, à travers les clivages successifs, l'antagonisme lait-viande, pour que soit maintenue l'opposition minimale, un 2 surdéterminé, un 2^n.

Il y a dans les rites alimentaires une sorte de *yin-yang* hébraïque, un écart maintenu dont l'abolition signifierait le chaos. A travers tant de rites comme de discussions talmudiques se répète cette affirmation que le bien réside dans la définition précise des objets, dans le maintien des discontinuités et des différences, dans le « bien dire », le mal au collapsus des écarts différentiels.

Karl Abraham, qui avait pressenti le caractère binaire de l'édifice rituel juif, y voyait le reliquat d'un culte primitif rendu aux ruminants à sabots fourchus : taureau, bélier... Notre inspiration conduirait à l'inverse à poser que l'importance du « sabot fourchu » dans les sacrifices comme dans les rites alimentaires tient à l'incarnation du nombre 2 qu'il réalise, à l'émergence du signifiant que ce nombre vient chiffrer.

La thèse freudienne selon laquelle tout symptôme obsessionnel évolue vers la réalisation du vœu qu'il réprime, transférée au domaine religieux, montrerait que la vérité du rite sacrificiel hébraïque tenait à une première approche de ce qui assurera sa prééminence dans le Talmud et la Kabbale : la lettre et le nombre.

A l'inverse du paganisme idolâtrique qui fantasmait la fécondité dans ses orgies sacrées, dans ses sacrifices d'enfants, par un retour fantasmatique et mortifère à la mère, le monothéisme juif, par sa Loi du père, posait cette fécondité dans l'acceptation de la coupure, de la division signifiante. Ainsi le champ qu'ouvre l'analyse des rites alimentaires est celui de la fonction paternelle, celle-ci ayant prise sur le sujet non à une étape avancée de la maturation génitale, mais dès ce moment primordial que constitue le rapport oral à l'aliment, au sein.

L'analyse d'un dernier rite fondamental nous permettra d'aller plus avant, d'élargir cette intuition à sa véritable dimension.

3

LA NAISSANCE DU SUJET

Le premier temps du déchiffrage des rites alimentaires juifs a mis en relief l'opération d'incorporation de mots isolés, de substantifs fournissant la racine phonétique d'un verbe. Puis la *cacheroute* a livré un vaste champ de pratiques où les unités incorporées devenaient plus larges, s'articulaient en phrases, prenaient dans leur réseau les « mythistoires » essentielles d'un groupe culturel. Un dernier rite va fournir, pensons-nous, la clé de l'ensemble de l'édifice : la fonction paternelle.

Le calendrier hébraïque présente la particularité de posséder plusieurs Jours de l'An, deux principalement. A la fin de l'été, le Jour de l'An cosmique, commémorant la création du monde : *Roch Hachana*, introduit par le rite du *seder* qui fut notre « sésame ». Appelé aussi *Jour du Choffar*, il se place sous le symbole du bélier sacrifié à la place d'Isaac, soit la fin des divinités animales remplacées par le Dieu unique, non représentable.

Un second Jour de l'An, civil, est célébré au printemps, le 1er Nissan. Deux semaines plus tard a lieu, pendant sept jours, une des plus grandes fêtes juives, celle dont toutes les autres se déduisent : *Pessah*, ou Pâque, qui célèbre la sortie des esclaves hébreux de l'Égypte et la *naissance* de la nation juive. Comme

Le discret et le continu

Roch Hachana est lié à *Kippour*, *Pessah* s'articule à une seconde fête essentielle, *Chavouot*, ou Pentecôte, commémorant le don de la Loi sur le Sinaï. L'animal sacrifié, symbole de *Pessah*, n'est plus le bélier mais son petit, l'agneau.

Si les juifs observent pendant toute l'année un comportement singulier envers l'aliment carné, pendant les sept jours de *Pessah* ils entretiennent à l'égard des végétaux, et principalement des céréales, des rites encore plus étranges, particulièrement le premier soir de la fête.

Cette nuit-là, avant le repas proprement dit, réunis en famille élargie autour d'un patriarche, ils prennent un autre repas rituel, un *seder*, dont les éléments sont placés sur un plateau et recouverts d'une étoffe. Ne serait-ce pas le véritable repas totémique freudien ? A nouveau, le rideau tombé, ce n'est pas un animal-totem — encore que l'agneau y soit représenté — qui se découvre mais une série de mets hétéroclites dont chaque membre du groupe prélèvera une fraction.

Avant de tenter le déchiffrage de cette consommation — nous appuyant évidemment sur le savoir fraîchement acquis — relevons une particularité de ce repas, absente des précédents rites examinés : l'absorption des éléments rituels s'intercale comme une ponctuation dans *la lecture d'un livre spécifique à cette fête*, la *Haggada*. Le rapport au Livre n'est plus ici latent mais manifeste, pivot du rite.

Haggada signifie conte, mythistoire, récit et commentaire de l'épopée de la sortie d'Égypte. En quelques paragraphes nommément adressés aux enfants, ce texte raconte l'histoire du peuple juif, sa naissance. Ainsi d'emblée se vérifient les résultats précédemment acquis en les renforçant : la relation du rite et du mythe, l'incorporation du Livre dont on se demande s'il saisit dans sa structure les aliments consommés ou si, à l'inverse, ses pages sont enserrées dans le réseau des aliments rituels — thème de réflexion pour un dessin d'Escher.

Mais le rite pascal permet d'aller au-delà d'une vérification, de boucler par des significations essentielles l'interprétation des rites juifs en examinant les aliments qui donnent à *Pessah* son caractère : deux végétaux ou dérivés, le *maror* et la *matsah*.

Maror en vérité ne désigne aucun végétal précis mais toute une catégorie de plantes pouvant répondre à l'attribut « herbes amères » : laitue, raifort, persil et autres variétés suivant les coutumes locales. Comme à *Roch Hachana*, l'importance tient non au signifié, mais au signifiant *maror*, « amertume », que l'on mange en souvenir de l'existence douloureuse d'esclaves que menèrent les Hébreux en Égypte.

Égypte... ce mot à lui seul provoque dans la mémoire juive de profondes ondes, aux significations complexes, dont Freud crut trouver le dernier mot dans son *Moïse*. Le terme hébraïque — ou arabe — pour Égypte, *Mitsraïm*, renferme déjà des connotations importantes : « pays étroit », mince vallée alluviale du Nil. Cette particularité géographique a donné lieu à des considérations métaphysiques. Le peuple juif se constitua en ce lieu étroit, nourricier et nocif, devenant par un jeu d'homophonies lieu de toutes les angoisses *(tsara)*, de perversité, de l'inceste. *Maror* désigne ainsi cette complexe expérience égyptienne, préhistorique pour le judaïsme, du même coup incorporée.

La signification de la *matsah*, galette de pain azyme, apparaît beaucoup plus complexe, l'énigme majeure de tout le rite. Un premier élément d'élucidation est fourni par Exode XXII, qui associe cette *matsah* à la sortie *précipitée* des Hébreux qui n'eurent pas le temps de laisser leur pain lever. Tout déchiffrage ultérieur devra rendre compte de ces données premières d'explication, qui se révèlent vite insuffisantes.

D'abord l'examen attentif d'Exode XXII révèle immédiatement une contradiction. Il contient les commandements dictés par Dieu à Moïse, *plusieurs jours* avant le grand événement de la libération, parmi lesquels ceux faisant obligation de manger de l'azyme et de sacrifier l'agneau. La notion de précipitation ne se comprend plus, les Hébreux étant prévenus de longue date qu'il était impératif de manger de l'azyme.

Les développements que la tradition donne à cette prescription porteront curieusement non sur l'azyme — *matsah* — mais sur son inverse, le *hamats*, terme qui désigne le levain, mais aussi toute fermentation, moisissure. Si la prévalence revient en matière de rite sur le signifiant, n'est-il pas déjà remarquable que *matsah/hamats* constitue un couple antagonique de termes et d'anagrammes, nouvelle illustration de l'insistance des lois du langage que le rite inculque, avec une violence explicite, dans le sujet ?

Pendant les semaines qui précèdent Pâque, les maisons juives sont littéralement retournées, voire repeintes à neuf, armoires et caisses vidées et nettoyées, à la chasse de la moindre miette de pain, ustensiles de cuisine renouvelés, les anciens étant dans certaines coutumes délibérément jetés, au minimum ébouillantés. Ce grand ménage printanier prépare le foyer à l'accueil du nouveau *Pessah*.

Le levain ainsi traqué paraît avoir dans la tradition de riches significations : celle de l'« enflure » évidemment, au sens de l'orgueil et du narcissisme, celle, voisine, de « mauvais principe », pulsion, qui sans doute n'est pas si mauvais mais doit être bridé.

Enfin, l'azyme présenté ici comme « pain de misère » d'hommes se précipitant vers leur liberté apparaît ailleurs comme l'aliment noble par excellence, celui réservé aux prêtres. L'Église catholique a retenu cette dernière leçon puisqu'elle fera de l'azyme son hostie.

Manifestement la *matsah*, avec sa blancheur, se situe dans un vaste réseau symbolique. Mais pourquoi cet impératif de la consommer ce soir-là précisément, quel signifiant et quelle écriture s'agit-il de faire avaler au sujet ?

Utilisons l'enseignement tiré du *seder* de *Roch Hachana* : certains aliments fournissent le substantif de leur nom comme racine d'un verbe homophonique, par exemple la fève, *poul,* servait à introduire le verbe *yepoulou* « tombent ». La *matsah* énigmatique jouerait-elle la même fonction ? La consultation d'un dictionnaire va immédiatement répondre, aller même au-delà de nos hypothèses. La même orthographe désigne en effet deux formes verbales.

Nous découvrons que *matsah* signifie « presser », « exprimer », le jus d'un fruit par exemple. Mais aussi que c'est une forme du verbe *matsats,* « sucer ». L'azyme viendrait ainsi condenser deux termes fondamentaux : la sortie, comme d'un fruit trop mûr, du peuple d'Israël du contenant égyptien en même temps que le rapport au sein, *sucer.*

En ce point il faut relire l'ensemble de cette épopée que fut la sortie d'Égypte. Un réceptacle étroit où les descendants d'un seul homme, Jacob, vont tant se multiplier que leur présence se révèle délicate et pourtant leur départ paraît difficile. Le corps de l'Égypte soumis à ces terribles convulsions que sont les plaies[1], répétitives, prolongées, jusqu'au moment d'une possible expulsion d'Israël. Puis une sorte de calme entre deux plaies où l'issue paraît annulée jusqu'à ce qu'une nouvelle acmé rouvre le passage.

A la dixième convulsion, dans la précipitation et le sang, se produit un des plus grands événements de l'Histoire, le peuple d'Israël émerge. Il ne lui reste qu'à traverser un étroit goulet, au milieu des eaux de la mer Rouge formant deux parois liquides autour d'un boyau. Le grand corps meurtri de l'Égypte vient d'expulser

---

1. Notons que ces plaies d'Égypte : sang, obscurité, vermine, grenouilles, etc., constituent le catalogue des objets phobiques classiques.

dans le trauma un petit corps, une nouvelle nation radicalement différente d'elle.

Si cette épopée a prise si profonde sur le lecteur, même non juif, c'est qu'elle représente avec un éclat exceptionnel une mise en scène prodigieuse où la naissance d'un peuple reflète celle de chaque petit de l'homme. Est-il étonnant dès lors que le premier aliment, cette *matsah-sucer*, fasse écho au sein ?

Notre conception se trouve renforcée par les textes de Kabbale pour qui l'Égypte est considérée comme la Mère — de toutes les cultures et de tous les secrets. La Pâque juive représente bien la geste de la naissance, traumatique comme toujours, d'un groupe humain, où chacun peut reconnaître sa propre naissance. Le christianisme, avec son obstination à vouloir boucler le grand cycle hébraïque, dans sa Pâque, mettra en scène l'autre traumatisme, complémentaire de naître : mourir.

Nous ne sommes pas cependant au bout de notre effort. *Pessah*, disions-nous, s'articule à *Chavouot*. Ici aucun rite alimentaire particulier [2], mais ceux de Pâque ne prennent leur pleine signification que dans l'après-coup de la Pentecôte juive, commémorant la descente sur terre de la Torah sous forme d'un aide-mémoire, les *dix paroles* ou *commandements*.

Dix commandements : l'expression évoque dix impératifs. A notre surprise nous n'en comptons que neuf, le dixième — ou premier — est la simple déclaration d'un Je majestueux, *Anokhi*, où le commandement paraît absent : « Je suis Yahvé ton Dieu qui t'a fait sortir d'Égypte, du pays de la servitude », phrase répétée sous un mode abrégé tout au long de la Bible.

2. Une tradition vivace préconise, ce jour-là, la consommation d'aliments *lactés* !

La tradition juive, Juda Halevi par exemple, voyait dans cet énoncé le principe de toute la Torah qui pourrait entièrement s'en déduire. Cette même tradition nous apprend qu'il faut concevoir la sortie d'Égypte non comme un événement historique ponctuel, mais comme un événement *actuel*, se répétant pour chacun « tous les jours de ta vie et toutes les nuits ». C'est-à-dire, et on ne saurait mieux dire, non comme stade génétique individuel ou collectif révolu, mais comme donnée structurale.

Que serait une « naissance structurale » et que signifie cette phrase lancinante : « Je suis celui qui t'a fait sortir d'Égypte », accompagnée parfois de cette recommandation : « Tu ne devras plus jamais retourner en Égypte » ? A l'évidence l'interdiction ne porte pas sur le pays réel et de très grands maîtres du judaïsme comme Maïmonide y ont habité.

Notre analyse nous conduit à déchiffrer l'épopée et les rites qui la commémorent comme une allégorie, un rêve, qui énonce dans un montage plus complexe mais plus précis le mythe freudien de l'Œdipe et sa résolution dans la Loi, la fonction paternelle qui est un dit — à la mère d'une part : « Tu ne réintégreras pas ton produit », à l'enfant d'autre part : « Tu ne désireras pas ta mère qui fut mon désir, tu ne reviendras pas en son sein, tu ne retourneras pas en Égypte. »

Toutes les péripéties de l'Exode, la succession des plaies, la poursuite des libérés par l'Égypte, la nostalgie des Hébreux pour leur ancien pays, peuvent s'inscrire dès lors sur les deux lèvres de cette coupure : « *Je suis celui qui t'a fait sortir d'Égypte... Ta naissance n'est pas un simple processus biologique d'expulsion ou de fuite. Je t'ai fait naître comme sujet à ton propre désir.* »

La naissance structurale, qui se répète chaque jour, est celle, symbolique, de l'avènement du sujet. Nous n'avons poussé les choses jusque-là que pour rejoindre Freud et son dernier grand ouvrage : *Moïse*. Ce que j'ai

Le discret et le continu

écrit, affirmait Freud, est scandaleux à l'égard de mon peuple. En quoi ? S'il y a scandale, il n'est sûrement pas au point anecdotique où il crut le repérer : Moïse était égyptien. Nous avons déjà montré ailleurs que ce pétard était mouillé. Le Zohar va jusqu'à affirmer que chaque occurrence biblique du terme *égyptien* désigne Moïse et bien des grands maîtres du Talmud étaient des convertis jusqu'à Akiba et R. Meir.

Il y a bien scandale, dans l'ouvrage, mais déplacé. Non seulement Freud y affirme que Moïse était égyptien, mais ses compagnons, les lévites, élite du peuple, et surtout la religion mosaïque deviennent eux aussi, sous sa plume, égyptiens.

Le peuple hébreu et sa culture ne sont plus qu'un morceau d'Égypte, un pseudopode qu'elle a émis et qui poursuit son existence égyptienne hors des anciennes frontières. Il n'y a plus coupure, sortie d'Égypte, virage de l'Histoire, *il n'y a plus place pour l'énoncé fondamental : « Je suis celui qui t'a fait sortir d'Égypte, du pays de servitude. »*

Nous retrouvons, sous une forme nouvelle, le dérapage relevé dans *Totem et Tabou*, la négation névrotique de sa propre culture. Le paradoxe est étrange : l'homme qui sans doute depuis les maîtres antiques avait le mieux compris le message, ce penseur qui réintroduit dans un Occident exsangue la fonction paternelle est celui-là même qui dans son dernier souffle, dans les douleurs du cancer, en vient à inverser son propre enseignement, à l'édulcorer, sinon à restaurer la toute-puissance maternelle.

Nous voici — presque — au bout de nos peines dans la construction de cette thèse : la fonction paternelle saisit l'homme dès sa naissance en son rapport premier au sein. Elle superpose à l'activité biologique de nourrissage le champ du désir qui s'opère dans un jeu dialectique de demandes. La mise en place de la structure avec ses séparations et ses clivages, l'identification au père et, au-delà, au groupe, l'émergence de la Loi qui régule le désir s'opèrent loin des errances totémiques[3], dans cette allégorie fantasmatique et réelle : *manger le Livre.*

---

3. Il nous semble, par contre, retrouver l'inspiration de Reik autour du *Brith,* contrat d'alliance, en la complétant : ce contrat, le sujet le mange.

4

L'ÉCRITURE ET LE FEU

Une objection immédiate surgit de nos précédents développements : si l'opération *manger le Livre*, entièrement extraite des rites juifs, y joue le rôle fondamental que nous lui attribuons, pourquoi ne serait-elle pas mentionnée *explicitement* dans les textes hébraïques ? Elle l'est, même si on paraît ne pas la remarquer à la place éminente qu'elle occupe.

Déjà, à propos de l'ordalie qui, un moment, retint l'attention de Freud, nous avions signalé[1] celle de la *sota* appliquée à la femme soupçonnée d'adultère où celle-ci est forcée d'avaler, dissoute dans l'eau, l'écriture de versets bibliques. L'enjeu de ce jugement de Dieu est évidemment d'apporter réponse à la question conjecturelle parmi toutes : « Qui est le père ? »

Mais on trouve, toujours d'origine talmudique, d'autres pratiques étranges concernant cette fois-ci l'enfant qui *commence à apprendre à lire* — qu'on veuille bien retenir ce détail. On fait manger à cet enfant le premier œuf pondu par une poule sur lequel le maître écrit une formule mentionnant le Nom. Des coutumes pédagogiques touchantes se rattachent à cette prescription. Dans certaines communautés la première leçon de lecture consiste à écrire sur une tablette

---

1. Ci-dessus, p. 38.

certaines lettres recouvertes ensuite de miel[2]. Pour cette première fois, le jeune élève n'a pas à déchiffrer les inscriptions mais à lécher le miel jusqu'à l'effacement — donc l'incorporation — de l'écriture. Des pratiques analogues consistent à préparer pour le jeune élève des gâteaux en forme de lettres qu'il mangera. L'explication immédiate de ces coutumes pédagogiques — associer une expérience gustative plaisante à l'étude, par conséquent déplacer sur cette dernière la jouissance orale —, replacée dans le champ que nous tentons de frayer, paraît bien dérisoire.

Notre thème se retrouve dans une légende médiévale juive, celle du *Golem de Prague* : un kabbaliste, ayant réussi à percer les mystères derniers de la création de l'homme, réussit à fabriquer une statue de glaise qui devient son serviteur et garde du corps. Comment le créateur confère-t-il au colosse d'argile motricité et intelligence ? En plaçant dans sa bouche un manuscrit portant des formules magiques. Quand la créature échappera au pouvoir de son maître, il suffira à celui-ci de retirer le manuscrit pour qu'elle retourne à son état d'argile[3].

Par ce faisceau d'exemples, la notion « manger de l'écriture » comme origine de l'humanisation, au-delà de nos propres spéculations, se démontre profondément enracinée dans la tradition juive. Précisément dans un texte biblique de grande portée : les deux premiers chapitres d'Ezéchiel, considéré, à cause de ce texte, comme le plus grand prophète après Moïse.

Le livre d'Ezéchiel s'ouvre sur une vision, *maassé mercaba*, celle du char céleste ou trône de Yahvé. Nous y voyons d'abord décrites quatre étranges créatures, chacune possédant quatre visages d'animaux. Puis la vision, devant le prophète littéralement médusé, accen-

---

2. Le choix du miel, nous le verrons bientôt, n'est pas indifférent et dépasse le caractère gustatif.
3. Dans une variante de la légende, le manuscrit est remplacé par une écriture directe sur le front.

Le discret et le continu

tue son fantastique jusqu'à ce que, brisant cette fascination muette devant un monde sans paroles, la voix de Yahvé interpelle Ezéchiel, le somme de se différencier des autres humains, rebelles à la Loi, expérience extatique que l'on retrouve chez d'autres prophètes. Mais sa conclusion est unique :

> « " Et toi, fils de l'homme, écoute ce que je vais te dire. Ne sois pas rebelle comme la maison de rébellion. Ouvre ta bouche et mange ce que je vais te donner. " Je regardai et voici qu'une main se tendait vers moi et dans cette main il y avait un rouleau de livre. Il le déroula devant moi et le rouleau était écrit au recto et au verso et contenait des lamentations, des plaintes et des gémissements.
>
> « Et il me dit : " Fils de l'homme, mange ce que tu trouves là, mange ce rouleau et va parler à la maison d'Israël. " J'ouvris la bouche et il me fit manger ce rouleau. Et il me dit : " Fils de l'homme, tu nourriras ton ventre et rempliras tes entrailles de ce rouleau que je te donne. " Je le mangeai et il devint dans ma bouche aussi doux que du *miel*. Il me dit encore : " Fils de l'homme, debout ! Va auprès de la maison d'Israël et communique-leur mes paroles. " »

Texte saisissant ! mais dont la portée ne peut apparaître à une première lecture.

Toute la spéculation kabbalistique prend son essor à partir de deux textes : le début des livres de la Genèse *(maassé berechit)* et d'Ezéchiel *(maassé mercaba)*, c'est-à-dire le texte que nous examinons. La tradition ésotérique lui a accordé l'importance extrême de résumer en quelques lignes les plus grands mystères. Il paraît dès lors moins surprenant de poser notre *manger le Livre* en clé des rites alimentaires juifs.

Le texte d'Ezéchiel a le mérite, en outre, de fournir de nouvelles significations à ce mécanisme fantasmatique fondamental. Il clôt une première étape de la vision où le prophète ne parle pas. Puis une voix, celle du Père assurément, retentit et brise la fascination : « *Mange ce livre et va parler...* » L'incorporation du Livre, rite initiatique, se révèle préalable indispensable pour que le « fils de l'homme » puisse parler. Si la Bible représente le lieu où émerge et se constitue le rapport de l'homme au signifiant[4], ses épisodes deviennent la métaphore des moments principaux où chaque sujet — vous et moi — se constitue — d'où l'impression profonde que ressent le lecteur de la Bible, par-delà ses origines et convictions. Les deux temps de la *maassé mercaba* nous livreraient le secret de l'histoire de chacun, d'abord *infans*, soumis au langage certes mais non encore capable de parler, puis acquérant la parole. *Manger le Livre devient le mécanisme par lequel l'enfant acquiert sa langue.*

Il nous faut à nouveau refréner notre impatience à dégager les conséquences — cliniques en particulier — de cette conception, pour la déployer jusqu'à sa pleine extension et permettre la meilleure moisson.

La déployer en se maintenant encore quelque temps dans le particulier du judaïsme.

Au premier abord en effet le texte d'Ezéchiel paraît unique. Il a fallu que l'histoire d'Israël se brise en Babylonie pour que ce prophète de l'exil parvienne à dégager de l'enseignement mosaïque ce thème nouveau. Nous allons montrer qu'il était latent dès les premiers pas de l'enseignement prophétique — *au prix d'une équivalence, celle de l'écriture et du feu.*

L'équivalence *écriture ∽ feu*, d'une portée considérable et qui nous arrêtera longuement, nous la tirons sans effort du Midrach lui-même, précisément des premières lignes du Midrach Tanhouma, pour qui l'écriture première, celle de la Loi des dix commandements,

---

4. Conception reprise à J. Lacan. Cf. en particulier son séminaire : *l'Angoisse* (non publié).

se composait de feu : « Et la Torah, avec quoi fut-elle écrite ? Avec un feu noir sur un feu blanc[5]. »

Manger de l'écriture reviendrait alors à manger du feu et donc à se brûler les lèvres, brûlure qui les ouvre à l'acte de parole, non sans y laisser une cicatrice indélébile — qui ignore depuis Freud que la bouche est le lieu privilégié d'une brûlure pudiquement appelée pulsion ?

La transformation :

manger le livre ∼ manger du feu → cicatrice labiale

permet de retrouver l'expérience d'Ezéchiel chez chacun des grands prophètes, ne serait-ce que partiellement.

D'abord chez le plus grand, Moïse lui-même, dont on sait par la Bible que sa bouche portait une infirmité. D'où lui venait-elle ? Le Midrach, dans sa reconstruction de l'enfance de Moïse, avait élaboré le récit suivant, proche des mythes œdipiens traditionnels : Moïse, encore *infans*, jouait sur les genoux de son grand-père adoptif, le Pharaon. A un moment, à la stupéfaction de la cour, il ôte la couronne royale de la tête du souverain et la pose sur la sienne. Le désir est transparent et n'échappe pas à ces fins connaisseurs qu'étaient les mages égyptiens : prendre la place du souverain. Aussi conseillent-ils de mettre à mort immédiatement l'enfant. Pourtant le Pharaon, imploré par sa fille, cède à un mouvement de pitié. Pourquoi ne pas soumettre Moïse à un test, à une ordalie, qui renseignera sur son intelligence et ses aptitudes ? On place devant lui deux plats, l'un de dattes, l'autre de braises. S'il choisit le premier on l'exécutera, le second on le graciera. L'enfant porte la main aux braises et dans un geste de douleur à sa bouche qui sera à son tour brûlée. Il a la vie sauve mais il gardera à jamais une « lourdeur des lèvres » dont il se plaindra plus tard dans son dialogue

---

5. Cf. la traduction que nous avons donnée dans notre livre, *l'Enfant illégitime*, de ce Midrach, p. 277.

avec le buisson justement ardent, quand celui-ci ordonne : « Va et parle... »

Nous retrouvons chez un autre grand prophète, Jérémie, toujours au début de son message, allusion brève mais précise à chacun des thèmes : l'*infans*, l'incorporation du signifiant comme virage dans l'acquisition du langage, la « lourdeur des lèvres » : « " Ah! Seigneur Yahvé, vois, je ne sais pas parler, je suis un enfant... " Alors l'Éternel étendit la main et en effleura ma bouche et me dit : " Voici, je mets mes paroles en ta bouche[6]... " »

Le livre d'Isaïe nous permet d'établir la série complète du jeu d'équivalences. Il contient, non au premier chapitre mais au sixième, une vision semblable à celle d'Ezéchiel — la prière juive les associe étroitement — qui s'achève ainsi :

> « Et je me dis : " Malheur à moi, je suis perdu ! car je suis un *homme aux lèvres impures*, je demeure au milieu d'un peuple aux lèvres impures et mes yeux ont vu le Roi, l'Éternel Sebaot. " Alors un des séraphins vola vers moi, tenant en main une braise qu'il avait prise sur l'autel avec des pinces. Il en effleura ma bouche et dit : " Ceci a touché tes lèvres et maintenant tes péchés ont disparu, tes fautes sont effacées. " Puis j'entendis la voix du Seigneur disant : " Qui enverrai-je et qui ira pour nous ? " Et je répondis : " Ce sera moi ! Envoie-moi ! " Et il me dit : " Va, et tu diras à ce peuple... " »

La marque brûlante sur les lèvres ouvre, pour Isaïe aussi, la voie d'une parole nouvelle.

De l'expression *manger le Livre* nous avons ainsi

---

6. Jérémie, I-6, puis I-9.

Le discret et le continu

déployé sa seconde partie : *Livre ∩ feu.* La première, *manger*, donne lieu, à son tour, à un jeu d'équivalences fondamentales.

Déjà, le récit d'Isaïe suggérait non seulement que la braise remplace le signifiant mais aussi qu'à l'incorporation peut se substituer le contact des lèvres, le baiser — ce qui nous éclaire sur l'étrange comportement des fidèles à l'égard de leurs livres religieux : ils les embrassent comme une personne que l'on retrouve ou que l'on quitte.

L'équivalence *baiser ∩ manger* reste cependant orale. Une autre, plus audacieuse, se dessine progressivement : *manger ∩ lire*, manifestement présente dans la coutume de la première leçon de lecture, mais aussi dans le texte princeps d'Ezéchiel mentionnant en contiguïté *lecture* et *manger*. Le langage courant, lui-même, n'est pas avare d'expressions où manger et lire sont posés dans cette équivalence. Examinons enfin l'argument que nous avons feint de négliger jusqu'ici, celui des sacrifices, objet d'une si abondante littérature analytique et ethnologique.

Un rite, avons-nous maintes fois répété après Freud, évolue avec le temps vers le dévoilement du désir qu'il masque. Dans le Temple de Jérusalem, tout gravitait autour du sacrifice dont l'analyse de la *cacheroute* nous a permis d'entrevoir la structure symbolique. L'offrant consommait une partie de la bête sacrifiée, le principal revenant au prêtre.

Avant même la destruction du second Temple, sous l'impulsion des Pharisiens, la pratique sacrificielle se trouva relativisée au profit précisément de la prière ou plutôt de la lecture : au lieu de faire un sacrifice puis de le manger, on *lisait* le récit de ce sacrifice. Ainsi se constitua la prière juive, sur le rythme des sacrifices antiques. Si bien que le *Hourban* ne détruisit pas le judaïsme qui déjà fonctionnait sur d'autres rites.

La prière juive ne ressemble pas véritablement à une prière. Seule une petite partie y est consacrée à la *demande*, codifiée et collective : Dieu doit veiller aux besoins de l'ensemble du peuple. Elle vise plus à cimenter le sentiment de groupe qu'à exhaler la souffrance de chacun. L'essentiel de cette « prière » consiste à lire une sorte d'anthologie de textes fondamentaux bibliques et talmudiques, rassemblés en un livre, *sidour*, qui fait écho directement au *seder*.

La fête de *Kippour*, si riche autrefois en sacrifices, devient particulièrement significative de la substitution *lire ∽ manger*. Non seulement elle est le moment d'un carême draconien mais l'occasion d'une lecture continue.

⁂

Cet ensemble de faits jette une lumière particulière sur ce phénomène fondamental de la lecture, que notre civilisation paraît progressivement contester.

Il s'impose d'emblée que toutes les lectures ne sont pas équivalentes. Certaines appartiennent à la détente, ne sollicitent que peu d'efforts, d'autres beaucoup plus. Malgré la grande variété de lectures possibles, elles nous paraissent se répartir en deux catégories principales.

La lecture « indifférente », ou plutôt non amoureuse. Ici le lecteur investit un texte d'une curiosité labile, prête à s'accroître ou à se rompre, en quête d'une information, d'un délassement. Ainsi lit-on son journal ou tel livre à la mode... avant de les mettre au panier.

A celle-ci s'oppose totalement une seconde lecture, « amoureuse » elle — avec sa doublure de haine — mais que nous préférons appeler *canonique*. Un certain nombre de livres, parmi lesquels les livres « sacrés », sont l'objet d'un autre traitement. Ils n'appartiennent pas au délassement, mais à l'étude, à l'effort souvent pénible. On ne les aborde jamais sans réticences, voire rituels, dans un rapport fortement teinté d'angoisse. Devant tant de difficultés, le commun des mortels renonce non à les posséder, mais à les lire. Ils forment le *squelette* de toute bibliothèque digne de ce nom. Une

Le discret et le continu

minorité parvient à surmonter ces étranges inhibitions, autrefois les prêtres, aujourd'hui leurs lointains descendants par le relais des clercs, les intellectuels, organisés en une subtile hiérarchie.

L'inhibition à lire surmontée, les effets de la lecture sont souvent profonds, laissant le sentiment d'une transformation de l'esprit, parfois d'une joie, bien que généralement, à quelque lecteur idéal, la lecture particulière que chacun effectue se révélerait partielle et partiale, obtuse. Bref, la lecture canonique appartient aux franges mêmes de l'expérience mystique, de la communion.

Tout groupe humain — tout peuple, toute religion, mais aussi toute profession, voire toute association — possède des textes de ce type, dits précisément canoniques, où se trouve consignée la quintessence du discours qui supporte ce groupe. Nulle part ailleurs que dans le judaïsme ce mécanisme fondateur n'est aussi clair.

La grande réforme du judaïsme initiée par Ezra fut de mettre la lecture et l'étude, les deux ici indissociables ou *limoud*, comme pierre angulaire du « temple invisible ». *Limoud* de quoi? Précisément d'un *canon* de textes, Bible juive et bientôt Talmud, dont la fréquentation assidue, quotidienne, devint le premier commandement du judaïsme nouveau. Lui manquer entraîne à peu près l'exclusion du groupe — d'où le palliatif pour le commun des mortels de la prière déjà décrite. Ce *limoud* a pris la place des bombances et des grillades sacrificielles d'antan.

Nous référons les deux modes de lecture, comme le suggèrent leurs noms, aux deux types d'identification décrits par Freud, que Lacan propose d'articuler à travers le schéma du tore ou de l'anneau. La lecture « indifférente » (I), dans une *demande* répétitive, consiste comme une spirale à enserrer le trou latéral de la chambre à air torique. La lecture « amoureuse » canonique (II) accomplit, elle, le bouclage du trou central, supportant la fonction du désir.

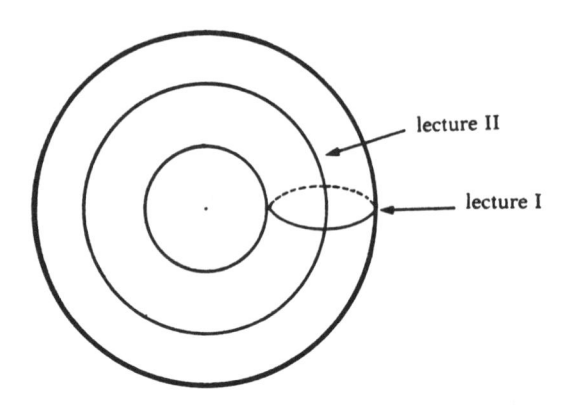

schéma no 4
les deux identifications et les deux lectures

Désormais nous pouvons énoncer — à charge d'en démontrer ultérieurement la généralité — notre conception définitive de l'identification primaire fondatrice du groupe.

Chaque groupe, disions-nous, se supporte d'un texte princeps canonique, d'un statut, d'un *Brith*. L'identification primaire consiste à maintenir avec ce texte une lecture intensive, aux franges de la dévoration, cette dévoration devant s'accomplir réellement en des moments privilégiés.

Sans doute n'avons-nous établi ce mécanisme que dans la particularité du judaïsme, mais déjà nos dernières avancées débouchaient sur son universalité. L'existence de textes canoniques caractérisant *chaque* groupe humain ne paraît pas sérieusement discutable. A la Bible et au Talmud des juifs font immédiatement pendant les Évangiles chrétiens et le Coran islamique. Aucune religion n'est dépourvue d'un pareil corps de textes. Lorsque quelques-uns décident d'intervenir dans le champ idéologique en un nouveau groupe, que font-ils ? Ils rédigent un *manifeste* dont le latent est l'incorporation. Il n'y a pas, jusqu'à la plus humble association de pêcheurs à la ligne, de groupe qui ne possède ses *statuts*.

Reste cependant à montrer cette latence de l'incorporation réelle, de la dévoration.

Montrer le mécanisme *manger le Livre* dans le christianisme ne présente aucune difficulté. Certains pourraient même nous reprocher d'avoir multiplié les obstacles pour développer notre construction à partir des rites juifs quand le christianisme offre une voie bien plus simple et courte pour établir la même notion — grâce à son Eucharistie.

Nous ne pouvons ici nous livrer à l'étude approfondie du rite le plus important du christianisme. Il suffira d'en rappeler les données principales utiles à notre construction.

Le sentiment d'appartenir à l'Église provient, nous le savons, de la communion qui consiste à avaler un azyme consacré, l'hostie. Or, celle-ci représente le corps du Christ, c'est-à-dire, saint Jean nous l'apprend, l'incarnation du Verbe : « Le mot devint chair et habita parmi nous[7]. » Or, pour nous, le signifiant matérialisé constitue précisément l'équivalent d'une écriture, dès lors mangée dans la messe.

L'Apocalypse du même Jean, texte si important dans l'histoire du christianisme, développe le même principe en même temps qu'elle constitue un doublet, une tentative de relire dans la conception chrétienne le texte juif fondamental de la *maassé mercaba* d'Ezéchiel. L'Apocalypse débute également par une vision, riche d'allégories, de créatures à multiples visages. Puis à l'ouverture du septième sceau[8], nous pouvons lire :

« Je vis un ange puissant... il tenait dans sa main un petit livre ouvert et la voix que j'avais entendue du ciel me parla à nouveau et dit : " Va,

---

7. Saint Jean, I-14.
8. Saint Jean, Apocalypse, X.

prends le petit livre ouvert dans la main de l'ange
qui se tient debout sur la mer et sur la terre. " Et
j'allai vers l'ange en lui disant de me donner le
petit livre. Et il me dit : " Prends-le et avale-le. Il
sera amer à tes entrailles mais dans ta bouche il
sera doux comme du miel. " Je pris le petit livre de
la main de l'ange et je l'avalai. Il fut dans ma
bouche doux comme du miel mais quand je l'eus
avalé mes entrailles furent remplies d'amertume.
Puis on me dit : " Il faut que tu prophétises à nouveau sur beaucoup de peuples, de nations, de langues et de rois. " »

Une étude comparative de ce texte *presque* identique à celui d'Ezéchiel incorporant le livre livrerait-elle mieux que d'amples discours la fracture qui sépara l'Église du judaïsme ? Il suffira de relever la variante majeure. Elle porte sur le goût du livre : exclusivement « *doux* comme le miel » pour Ezéchiel, « *amer* à tes entrailles mais dans ta bouche *doux* comme du miel » pour Jean. Cette absence d'amertume reflète-t-elle la position différente du judaïsme par rapport au Livre ?

Il reste surtout que l'opération de manger de l'écriture se rencontre dans le christianisme avec une limpidité et une transparence incomparables, si grandes peut-être qu'elle passe souvent inaperçue.

Nous ne regrettons pas les efforts imposés par le choix du judaïsme comme terrain d'étude d'un phénomène qui y présente, à défaut de la même clarté, une grande richesse de ramifications, de déplacements et d'équivalences qui nous permet paradoxalement de mieux approcher son universalité.

L'ambition avouée du christianisme de toujours — réaliser jusqu'au moindre détail la lettre de la parole des prophètes, par là même dépasser et ouvrir une issue à la douloureuse problématique paternelle — se retrouve dans sa communion. A quoi bon désormais ces rites alimentaires compliqués, cette lecture assidue du Livre ? L'Eucharistie eut pour résultat un certain refoulement séculaire du Livre, une pratique de l'Index, avec pour résultat de former symptôme où se nouent ces deux termes : Livre et Eucharistie. Toute modification de l'un perturbe profondément l'autre en secousses qui constituent la trame des schismes et hérésies chrétiennes. Ainsi, pour ne retenir que deux épisodes, la Réforme luthérienne, en réintroduisant le Livre, transforma la communion et, plus près de nous, le concile Vatican II, en agissant dans une direction analogue, entraîna modification de l'Eucharistie et remous intégristes.

Le schisme du christianisme d'avec le judaïsme prit pour mot d'ordre la « circoncision des cœurs ». Nous le retrouvons à propos des rites alimentaires. Il produit incontestablement une simplification, un effet d'écrasement de la structure, réduite désormais à cet imaginaire du cœur. Par un ironique renversement des rôles, le judaïsme se révèle à propos du rite plus trinitaire que la religion fille, puisqu'il lui maintient sa triple dimension : imaginaire certes, symbolique ô combien ! mais tous deux liés par le réel de l'acte, amputation du fragment de chair prépucial ou maintien du Livre réel et non fragment d'azyme qu'il faut manger.

Nous sommes convaincu, sans pouvoir le montrer précisément, que l'islam renferme tout autant la même référence fondamentale à la dévoration du Livre. Nous devons l'éclair premier d'où partit notre construction à la rencontre fortuite de la psychiatrie traditionnelle islamique.

Des profondeurs du Sahel africain jusqu'aux communautés musulmanes implantées en Europe, des religieux ou *marabouts* soignent les maladies mentales de leurs coreligionnaires. Une pratique répandue consiste pour le thérapeute à écrire sur une feuille de papier une série de formules comportant au centre le Nom divin.

Puis, comme dans la *sota* juive, cette écriture est placée dans un récipient rempli d'eau que le patient boira.

Une enquête menée dans les hôpitaux parisiens auprès de malades maghrébins nous a appris qu'ils connaissaient tous cette pratique. On ne peut imaginer qu'elle n'ait pas de références dans les textes canoniques islamiques — qui restent à trouver.

Ainsi, pas à pas, vérifions-nous que *manger le Livre* constitue une opération universelle, du moins dans le monde monothéiste dérivant du judaïsme. Sans doute avons-nous négligé le monde de l'Orient, celui de la Chine particulièrement, connaissant mal ces cultures. Cependant une rapide incursion a montré leur richesse en rites alimentaires, comportant plusieurs similitudes avec la *cacheroute*, la nécessité par exemple de toujours soustraire une fraction d'un aliment donné [9]. Nous avons aussi été troublé par l'idéogramme *shù* qui désigne le livre : une main portant un stylet au-dessus... d'une bouche.

Le lien du Livre à l'objet oral présente une autre manifestation qui mériterait d'autres développements que cette brève remarque.

Jusqu'ici l'incorporation d'un même livre semblait créer le sentiment unifiant de groupe. Pourtant cet objet souvent divise, et radicalement. Schismes et hérésies, conflits ne naissent-ils pas d'une relecture différente du même texte canonique où chacun croit opérer la bonne incorporation ? Chacun sait combien violentes peuvent devenir les luttes de tendances dans un même groupe, se référant au même texte, luttes qui ne sont que l'amplification de la rivalité fraternelle. Celle-ci —

---

9. *Li-Ji ou Mémoires sur les bienséances et les cérémonies*, société d'éditions les Belles Lettres, Cathasia Sulliver, Paris, 1950. « On ne mangeait pas la tortue qui nourrissait des petits, ni les intestins du loup, ni les rognons du chien, ni le filet du chat sauvage, ni l'extrémité du dos du lièvre, ni la tête du renard, ni la cervelle du cochon de lait, ni les intestins du poisson, ni l'extrémité postérieure de la tortue. »

saint Augustin en témoigne dans les premières pages célèbres de ses *Confessions* où la vue du frère au sein maternel provoque sur son visage une pâleur mortelle de jalousie — dérive principalement de l'objet oral.

Le judaïsme se montre à nouveau exemplaire puisqu'il ne se contente pas d'inviter à manger le Livre, il l'entoure de commentaires, indiquant dans quelles voies la lecture doit se faire, conjoignant la Loi écrite à la Loi orale et à la tradition.

Après l'effort de montrer directement, par de multiples exemples concrets, l'existence de cette activité subjective primordiale, la dévoration de l'écriture, n'est-il pas permis enfin de rappeler que le langage courant en porte la trace patente? Ne savons-nous pas que les livres passionnants « se dévorent » quand d'autres sont « indigestes »? Les exemples de métaphores alimentaires concernant les livres sont légion dans la littérature [10]. Nous nous contenterons de relever, car d'un caractère différent, le texte de Selma Lagerlöf dans *la Saga de Gösta Berling* où le héros se trouve poursuivi par une meute de loups.

> « Les loups un moment effrayés se tinrent à distance. Mais bientôt, la première stupeur passée, l'un d'eux s'élança, la gueule ouverte, la langue pendante. Gösta saisit rapidement la *Corinne* de Mme de Staël et la lui jeta dans la gueule. On eut un moment de répit, pendant que les bêtes se disputaient cette proie et la déchiquetaient [11]. »

Le loup est sans doute le symbole le plus éloquent pour désigner la faim, une faim sans limites. Le poète,

---

10. Le dictionnaire *Robert* ne manque pas d'en donner une abondante collection. Celles à propos de Rabelais nous semblent particulièrement précieuses.
11. S. Lagerlöf, in *Œuvres I*, trad. française, Paris, Stock, 1976, p. 79.

comme toujours si clairvoyant au champ de l'inconscient, entrevoit que le seul objet pouvant limiter cette faim est le livre. Ce qu'il dit en quelques lignes simples nous a demandé tant de pages laborieuses !

5

LE CRU, LE CUIT...
ET LE SYMBOLIQUE

La généralité de la dévoration du Livre rencontre une objection de taille : la nécessité du Livre, donc de l'écriture dont la diffusion, très grande, n'est pourtant pas universelle.

On a coutume de repérer l'origine de l'Histoire précisément à l'apparition de l'écriture. Ce critère empirique se révèle au passage répondre à des raisons de structure : si manger le Livre pour un sujet revient à assumer l'histoire de son groupe de naissance, alors écriture et Histoire apparaissent bien comme nécessairement liées. Mais quel était le statut de cet acte avant l'écriture, comment soutenir que l'homme devient homme en mangeant le Livre, alors que les peuples primitifs se caractérisent par son ignorance ? Dans l'espace comme dans le temps deux butées paraissent mettre en échec notre thèse.

L'ethnologie traitée au départ avec ironie paraît tirer une revanche de cette impasse. Pourtant elle va bientôt permettre de franchir l'obstacle avec le bénéfice de préciser et de développer ce que nous avançons.

Une remarque préliminaire sur le rapport énigmatique, relevé par bien des auteurs, entre le signifiant, les sons articulés que portent une voix et l'écriture, permet d'atténuer le fossé entre les peuples qui possèdent l'écriture et ceux qui ne la possèdent pas. Voici deux phénomènes — parole et écriture — de nature totalement hétérogène, l'un précédant l'autre de quelques millénaires. Pourtant quand l'écriture émergea, le signifiant y trouva un moule comme sur mesure lui permettant de se transcrire parfaitement, pour ainsi dire sans perte. L'écriture de la parole n'est pas une traduction, dont on connaît la part d'impossibilité et de distorsion, mais semble plutôt conçue pour recevoir en elle le Verbe. Ceci conduit à supposer que *l'écriture fut latente de toujours au langage* et son apparition explicitation de rapports existants plutôt qu'émergence *ex nihilo*. Aucun peuple d'ailleurs, si primitif et préhistorique fût-il, n'ignore totalement l'inscription[1].

Néanmoins cette remarque ne saurait gommer le phénomène considérable que fut la découverte de l'écriture ni dispenser de l'examen spécifique de l'identification primaire chez les peuples qui l'ignorent, examen qui serait insurmontable si nous ne disposions aujourd'hui de la somme que constitue l'œuvre de C. Lévi-Strauss, *Mythologiques*, où, précisément, l'auteur pénètre dans l'édifice des mythes par *l'Origine des manières de table*, titre du troisième traité. Nous nous contenterons pour ce premier pas d'examiner le premier des quatre, *le Cru et le Cuit*. Le choix obligé dans l'abord des mythes des cultures primitives est celui de l'oralité, Lévi-Strauss en expliquera à plusieurs reprises la nécessité.

Mais avant de suivre l'auteur dans sa vertigineuse exploration, qu'on permette le petit commentaire suivant à propos de son style et de sa méthode — si élégants ! *Le Cru et le Cuit* s'ouvre par une longue réflexion sur la musique, celle-ci devant fournir le fil d'Ariane du labyrinthe mythologique. Les structures de la musique moderne, telles que Bach les fonda dans le contrepoint et la fugue, lui paraissent isomorphes de celles « feuille-

---

1. Lacan élabora une part importante de son séminaire *l'Identification* à partir de ce fait que les chasseurs préhistoriques marquaient d'un trait sur une côte d'antilope chaque nouvelle proie abattue. Relevons également l'énigmatique jeu d'inscriptions trouvé dans la grotte de Lascaux.

tées » du mythe. Au-delà de l'analogie, Lévi-Strauss suppose qu'une filiation relie la musique d'après Bach et le savoir mythique. Par sa disparition en Occident, effet de l'émergence de la science, la pensée mythique aurait engendré par une mystérieuse transmutation l'art du contrepoint. La musique serait dès lors le chemin magique d'accès au monde perdu du mythe.

Il nous semble pourtant, sans mésestimer l'étrange vérité de cette démarche, que Lévi-Strauss trouva ses appuis les plus sûrs ailleurs. D'abord, nul n'en sera surpris, dans la psychanalyse. L'anthropologie structurale, plus sans doute que dans la linguistique saussurienne, s'est formée à l'école de la *Traumdeutung* de Freud : savoir négliger dans le récit d'un rêve sa signification apparente et souvent absurde pour en extraire les éléments signifiants, les soumettre à certaines fonctions de transformation pour en dégager les significations latentes. Aussi le psychanalyste s'intéressant à des travaux de ce genre ne fait que récupérer son bien.

Plus contestable apparaîtra peut-être une seconde affirmation, déductible pourtant de la précédente : *l'analyse lévi-straussienne des mythes est fille du Midrach*, non seulement parce que la filiation de la psychanalyse à celui-ci paraît assurée à toute personne au fait de ces questions, mais elle peut se vérifier directement sur le texte de Lévi-Strauss. Nous montrerons en particulier l'importance qu'y joue la *gezera chava*, ou transférance signifiante.

L'expérience indique qu'en se détachant de sa culture de naissance, un sujet garde comme derniers ancrages deux traits culturels par où, à l'occasion, la nostalgie vient s'engouffrer : l'art culinaire et la musique de ce groupe. Lévi-Strauss associe ici les deux, profondément. Le peuple juif n'a jamais été bercé que d'une musique et nourri d'une seule littérature : le Midrach. Si la métaphore ethnologique recouvrait chez Freud son judaïsme, la métaphore musicale jouerait-elle le même rôle chez Lévi-Strauss ?

Il reste que par lui une réflexion nouvelle sur la question du rite, si essentielle dans le judaïsme, s'introduit dans la pensée occidentale et en subvertit les préjugés.

> « Les rites apparaissent, écrit-il, comme un *"para-langage"* qu'on peut employer de *deux* façons. Simultanément ou alternativement, les rites offrent à l'homme le moyen soit de modifier une situation pratique, soit de la désigner et de la décrire. Le plus souvent les deux fonctions se recouvrent ou traduisent deux aspects complémentaires d'un même procès. Mais là où l'empire de la pensée magique tend à s'affaiblir et quand les rites prennent le caractère de vestige, seule la seconde survit à la première[2]. »

Une telle analyse peut directement s'appliquer à nos propres religions, si riches en alternances de phases mystiques — où la pensée magique s'exalte — et ritualistes, où l'aspect « descriptif » prédomine. Mais que décrit alors le rite ? Nous avons tenté précédemment de développer ceci : l'ensemble des rites d'un groupe résume, en un « para-langage » fait de langage, l'histoire de ce groupe, son corps de mythes. Le rite devient l'aide-mémoire et l'envers du mythe, ce que Lévi-Strauss lui-même souligne mais sans le préciser. « Ce groupe [...] confirme s'il en était besoin que rite et mythe sont en intime connexion[3]. »

L'anthropologie aurait ainsi à traiter d'un vaste et unique champ d'étude, la « ritomythologie », dont la mythologie resterait le lieu du code.

Mais qu'avons-nous à faire avec les mythes ? Que peuvent-ils nous enseigner, à nous, sujets de la science ? La « philosophie indigène », répète en plusieurs endroits

---

2. C. Lévi-Strauss, *op. cit.*, p. 343.
3. *Ibid.*, p. 296.

Le discret et le continu

Lévi-Strauss, nous présente une vision du monde beaucoup plus proche des nôtres que nous ne l'aurions imaginé.

Comme toute philosophie, elle porte en elle une *psychologie*. A notre surprise, celle-ci se révèle en plusieurs points proche... du judaïsme, de certaines conceptions que la *cacheroute* avait enseignées. Ainsi Lévi-Strauss rapporte-t-il que les indigènes classent les êtres suivant leur mode de nutrition, et distinguent les *civilisés* mangeurs de viande cuite, les carnivores mangeurs de viande crue, les charognards de viande corrompue, les cannibales [4].

L'homme peut même s'identifier à l'animal en adoptant le même comportement alimentaire que lui. Un mythe rapporte qu'un chasseur égaré se réfugia chez le jaguar et fut contraint de manger comme lui. Progressivement il prendra le caractère farouche du jaguar puis son aspect physique : « D'avoir mangé la nourriture du jaguar, bien qu'elle lui soit hétérologue, l'homme s'identifie définitivement au jaguar [5]. »

Le même thème se retrouve dans cet autre passage : « Le Tarahumara n'est pas non plus comme le coyote qui se contente d'arracher un lambeau de viande à une bête encore palpitante et qu'il mange crue. »

Si le grand kabbaliste Benamozegh avait pu lire ces lignes, sa joie aurait été grande : ces Tarahumara primitifs respectent le grand principe noachide *Evar min hahaï*, nul homme digne de ce nom ne doit manger une partie arrachée à un animal vivant. Lévi-Strauss permet de comprendre la portée de cet universel alimentaire — nous y viendrons.

La grande affaire cependant n'est pas la psychologie qui s'exprimerait dans les mythes, mais une *philosophie*, inséparable d'une éthique, c'est-à-dire d'une économie particulière de la jouissance.

Celle-ci trouve son cadre idéal dans la *cuisine*.

4. *Ibid.*, p. 292.
5. *Ibid*, pp. 133-134.

« De tous les codes, que l'homme peut employer pour énoncer ses messages, écrit Lévi-Strauss, le code alimentaire est certainement le plus fondamental... Puisque l'homme possède cinq sens, les codes fondamentaux sont au nombre de cinq, montrant ainsi que toutes les possibilités empiriques sont systématiquement inventoriées et mises à contribution... [Mais] un des codes occupe une position privilégiée : celui qui se réfère aux régimes alimentaires dont les autres traduisent le message, bien plus qu'il ne sert lui-même à traduire le leur... Nous commençons à comprendre la place vraiment essentielle qui revient à la cuisine dans la philosophie indigène : elle ne marque pas seulement le passage de la nature à la culture ; par elle et à travers elle, la condition humaine se définit avec tous ses attributs, même ceux qui — comme la mortalité — pourraient paraître les plus indiscutablement naturels [6]. »

« Huxley a suggéré que le processus digestif est assimilable, sur le plan du mythe, à une œuvre de culture... Il y a certainement du vrai dans cette interprétation [7]... »

Ces conceptions, se rattachant à d'autres préoccupations, se révèlent proches des nôtres et l'on peut imaginer notre réconfort à les rencontrer à un moment de notre réflexion qui semblait si hasardeux.

Serrons mieux encore cette convergence. L'objet de l'anthropologie est l'étude de ce hiatus, en même temps articulation, qui sépare nature et culture, discontinuité que recouvre le fait religieux — d'où cette autre

6. *Ibid.*, p. 172.
7. *Ibid.*, p. 144.

Le discret et le continu

définition lévi-straussienne de l'anthropologie comme science du religieux. Depuis les *Structures élémentaires de la parenté*, Lévi-Strauss avait enseigné que l'opposition nature/culture repose universellement sur la Loi, celle qui interdit l'inceste. Cette même notion est désignée dans la psychanalyse comme *fonction paternelle*, en précisant désormais qu'elle saisit le petit humain d'emblée, à la bouche, clivant le monde en un intérieur culturel, humanisé, et un extérieur naturel.

Dans ce sillage largement frayé, nous voulons établir une équivalence nouvelle à la dévoration du livre — « manger, incorporer le mythe » — et boucler ainsi notre construction.

L'affaire n'est pas si paradoxale qu'il paraît, livre et mythe ayant plus d'une ressemblance. Le mythe, comme la parole dans l'écrit, ne demande qu'à se couler dans le livre — en témoigne les *Mythologiques* —, le mythe se *lit*, il possède une structure « feuilletée », comme le répète souvent et symptomatiquement Lévi-Strauss, désignant une réalité consistante par-delà ce jeu de mots.

> « La structure *feuilletée* du mythe, écrit-il, sur laquelle nous appelions naguère l'attention, permet de voir en lui une matrice de significations rangées en lignes et en colonnes, mais où, de quelque façon qu'on *lise*, chaque plan renvoie toujours à un autre plan [8]. »

Ces premiers arguments n'ont pas évidemment de portée démonstrative et ne veulent qu'éveiller l'intérêt. La conviction, au moins la présomption, se construira en un cheminement prolongé en compagnie de ce maître ouvrage, *le Cru et le Cuit*, sachant qu'en un point avancé une divergence viendra s'inscrire.

Il s'ouvre, fidèle à la métaphore musicale, sur

---

8. *Ibid.*, p. 346. Les mots soulignés le sont par nous.

l'exposé d'un thème, d'un mythe princeps (M1), réapparaissant tout au long du livre : *le dénicheur d'oiseaux*.

Ce mythe bororo, qui raconte l'épopée d'un héros fondateur de clan, débute par le viol incestueux commis sur la mère. Le père, ayant découvert l'acte, tente par une série d'épreuves de provoquer la mort de son fils, lequel, grâce à la complicité de sa grand-mère, déjoue tous les pièges jusqu'à l'épisode crucial du *dénichage d'oiseaux* juchés à flanc de rocher. Une fois le fils entre ciel et terre, le père retire la perche qui avait permis au héros de se hisser jusqu'au nid et l'abandonne en cette fâcheuse posture. Après de multiples péripéties, le jeune homme surmonte cette dernière épreuve, retrouve le chemin du village et se venge de ses habitants en éteignant dans un déluge tous les feux, sauf celui de la grand-mère bienveillante.

Tel est le point de départ que choisit Lévi-Strauss, d'où, par extensions successives, il embrassera dans un développement proprement grandiose l'essentiel de la mythologie indienne du continent sud-américain, avec d'amples incursions vers l'Amérique du Nord, puis le reste du monde, pour devenir enfin véritablement cosmique.

Pourquoi l'humble historiette bororo mérite-t-elle tant d'honneurs ?

Si la visée de l'anthropologie consiste à interroger le rapport de la culture et de la nature, à tenter de rendre compte de la manière dont l'une émergea, se détacha de l'autre, ce mythe bororo, selon Lévi-Strauss, recèlerait dans son apparente fluidité une réponse mythique à cette question, à savoir que *la culture émerge avec la découverte du feu*. L'ouvrage présentera bien d'autres exemples de mythes de cette origine, celui du *dénicheur d'oiseaux* a cet avantage d'offrir la chaîne signifiante la plus complète possible. Cette thèse sera argumentée, développée sur l'ensemble de l'ouvrage... et ceux qui suivront.

Mythe de l'origine donc. Sans doute tout mythe ou légende, voire tout fait historique repéré comme tel,

Le discret et le continu 117

porte toujours sur un point d'origine, de virage marqué, parce que toute « origine », même partielle, d'un phénomène porte en elle une face d'énigme, un trou dans le chaînage des causalités et des significations que le mythe obture. L'hiatus comblé par le mythe M1 est de taille, il concerne l'origine des origines, ce refoulement primaire qui recouvre l'émergence de l'homme et que Lévi-Strauss nous propose de repérer de la découverte du feu.

Laissons-nous conduire un moment par cette thèse. Pour nous étonner d'emblée sur cette interprétation de M1 comme mythe d'origine du feu, quand le texte du mythe n'en fait aucune mention, sinon furtivement à propos de l'extinction finale des feux villageois par le déluge.

Le chemin par lequel Lévi-Strauss produit sa démonstration nous importe beaucoup. Il consiste à mettre en parallèle au mythe bororo une série de « variations » de mythes gé (M7 à M12) où se retrouve à nouveau un *dénicheur d'oiseaux* en fâcheuse posture, sauvé par le jaguar qui lui apprend l'*usage du feu* inconnu jusqu'alors des hommes. La connexion explicite ici : *découverte du feu ∽ dénicheur d'oiseaux*, permet à elle seule, au-delà des complexes transformations proposées par Lévi-Strauss, de supposer la même signification latente au mythe bororo M1.

Nous connaissons bien cette opération interprétative, notre *gezera chava* midrachique ou transférance signifiante. Repérée une première fois dès l'ouverture de l'œuvre et en un moment décisif, il n'est pas difficile d'en trouver la trace en de multiples autres passages, révélant la dette inaperçue de toute pensée structurale au Midrach.

La rencontre du feu signalerait ainsi l'apparition de la culture, de l'homme. Non pas le feu en tant qu'élément abstrait, archétype à la mode Jung-Bachelard, mais, concrètement, le *feu de cuisine*. Si la cuisine recèle le code d'une philosophie où « la condition humaine se définit avec tous ses attributs[9] », le feu en est le signifiant majeur, le référent, le médiateur culturel privilégié.

Cette thèse – dans les mythes la place primordiale revient à la cuisine et dans celle-ci au feu et à la cuisson – est rappelée du début à la fin de l'ouvrage :

> « On se propose de démontrer [annoncent les premières pages] que M1 (mythe de référence) fait partie d'un groupe de mythes qui expliquent l'origine de la *cuisson des aliments*; que la cuisine est conçue par la pensée indigène comme une médiation, [...] que ces mythes voient dans les opérations culinaires des activités médiatrices entre le ciel et la terre, la vie et la mort, la nature et la société[10]. »

A ce projet font écho ces citations prises en fin d'ouvrage :

> « Où en sommes nous ? [...] Négativement et positivement tous les mythes se rapportent à l'origine de la cuisson des aliments. Ils opposent cette façon de se nourrir à d'autres, celle des carnivores, des charognards, etc.[11]. »

> « Le cuit est au cru comme la culture est à la nature[12]. »

La « cuisson » représente à tel point la culture que certains peuples « cuisent » la totalité du nouveau-né pour marquer son hominisation :

> « Au Cambodge (ainsi d'ailleurs qu'en Malaisie, au Siam et en diverses régions d'Indonésie) la

9. C. Lévi-Strauss, *op. cit.*, p. 172. Cf. *supra*, pp. 113-114.
10. *Ibid.*, pp. 72-73.
11. *Ibid.*, p. 291.
12. *Ibid.*, pp. 342-343.

mère s'étendait après l'accouchement sur un lit ou gril surélevé en dessous duquel brûlait doucement un feu. En Amérique, les mères pueblo accouchaient au-dessus d'un tas de sable chaud dont l'office était peut-être de transformer l'enfant en " personne cuite " (par opposition aux êtres naturels... qui sont des " personnes crues ")...

« On fait " cuire " des individus intensément engagés dans un processus physiologique : nouveau-né, accouchée, fille pubère. La conjonction d'un membre du groupe social avec la nature doit être médiatisée par l'intervention du feu de cuisine à qui revient normalement la charge de médiatiser la conjonction du produit cru et du consommateur humain, et donc par l'opération duquel un être naturel est, tout à la fois, cuit et socialisé : " A la différence du cerf, le Tarahumara ne mange pas l'herbe mais il interpose entre l'herbe et son appétit animal un cycle culturel compliqué... et le Tarahumara n'est pas non plus comme le coyote qui se contente d'arracher un lambeau de viande à une bête encore palpitante et qu'il mange cru. Entre la viande et la faim qu'il ressent, le Tarahumara insère tout le système culturel de la cuisine " (Zing M)[13]. »

Cette longue citation suggère les remarques qui suivent. L'importance d'abord, en ces questions de culture/nature, de phénomènes que l'auteur désigne du terme vague de « processus physiologiques » et qui concernent les moments principaux du *champ de la procréation* : règles, naissance — avec le lien intime que ce champ sexué entretient avec celui de la mort.

Ces moments, notre lecture de *Totem et Tabou* l'a souligné, servent de supports privilégiés aux *rites*, chez les primitifs comme dans nos cultures. L'opération — métaphorique — de « cuisson » n'est par conséquent

13. *Ibid.*, p. 342.

qu'un rite particulier dans un ensemble plus vaste, la signification de ces rites étant au passage éclairée : la nature paraissant prendre le pas sur la culture, le rite rétablit l'équilibre menacé.

Conformément à la pensée magique, le feu de cuisine n'est pas seulement médiateur culturel de la cité, le mythe lui attribue une fonction cosmique.

> « Entre le soleil et l'humanité la médiation du feu de cuisine s'exerce donc de deux façons. Par sa présence, le feu de cuisine évite une disjonction totale, il unit le soleil et la terre et préserve l'homme du *monde pourri* qui serait son lot si le soleil disparaissait vraiment, mais cette présence est aussi interposée, ce qui revient à dire qu'elle écarte le risque d'une conjonction totale, d'où résulterait un monde brûlé[14]. »

D'où le schéma de la médiation :

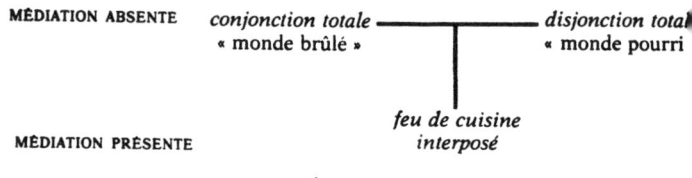

MÉDIATION ABSENTE	conjonction totale « monde brûlé »		disjonction totale « monde pourri »
MÉDIATION PRÉSENTE		*feu de cuisine interposé*	

schéma n° 5

La médiation n'est-elle pas la culture même ? Le schéma paraît porteur d'une généralité au-delà du particulier — ni unique, ni peut-être le plus important — du feu. Il s'applique parfaitement par exemple à un autre opérateur de culture, le sacrifice — et permet de comprendre la portée universelle que la Bible comme les Tarahumara, attribue à l'interdit noachide *Evar min hahaï*.

14. *Ibid.*, pp. 299-300.

Le discret et le continu

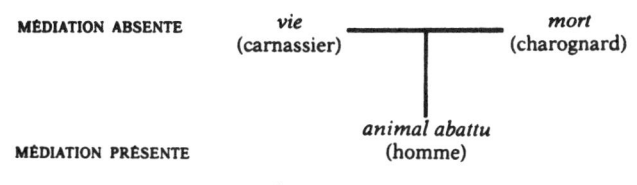

MÉDIATION ABSENTE	*vie* (carnassier) ———————	*mort* (charognard)
MÉDIATION PRÉSENTE	*animal abattu* (homme)	

schéma nº 6

Lévi-Strauss ne manque pas de raccorder son déchiffrage des mythes à ses constructions précédentes, celles des *Structures élémentaires de la parenté*, où l'opposition culture/nature pivote autour de l'interdit de l'inceste. Le mythe, par exemple, présente la conjonction excessive du soleil et de la lune, soit l'éclipse, comme un équivalent d'inceste. Le feu de cuisine concrétise cette médiation disjonctive contre le « monde brûlé » de l'inceste [15].

L'occasion se présente ainsi d'interroger une certaine ambiguïté lévi-straussienne à l'égard du freudisme. De part et en effet dans son analyse des mythes sourdent jusqu'à la détremper ces notions que la psychanalyse a introduites dans le commerce culturel : thématique œdipienne, dévoration du père, etc. Lévi-Strauss les traverse comme si elles allaient de soi, sans jamais arrêter la fluidité de ses développements, pour ne souligner que ce phénomène qui lui paraît ultime, la *découverte du feu*.

Cette fonction, conjonction-disjonction, médiatrice du feu porte un nom dans la théorie analytique : la *fonction phallique*. Ce qui conduit à objecter au pyrocentrisme lévi-straussien : la découverte du feu peut-elle être admise comme référent ultime du passage de nature à culture ? *Une telle conception ne serait-elle pas l'imaginarisation, aux échos jungiens, d'une question plus fondamentale ?* A savoir : *l'émergence énigmatique de l'homme, de la culture, se signale par l'apparition*

---

15. C. Lévi-Strauss, *op. cit.*, p. 302.

d'un opérateur premier, le symbole, le langage, le signifiant. Le feu ne devient qu'un mode privilégié d'imaginer cet impensable : le rôle du signifiant pour l'homme.

Feu et écriture paraissent d'ailleurs deux termes souvent équivalents. Les chapitres précédents avaient permis de dégager explicitement cette équivalence des textes prophétiques et du Midrach :

manger de l'écriture = manger du feu

L'écriture chinoise dans ses origines divinatoires offre un autre exemple éloquent de l'articulation *feu-écriture*, puisque les premiers idéogrammes naissent de l'action du feu sur des os ou des écailles de tortue.

Qu'est-ce que cuire, en définitive ? Injecter du feu dans un aliment, transformer cet aliment par le feu. Toute culture, qu'elle soit grecque ou bororo, en caractérisant l'homme comme mangeur d'aliments cuits, nous le présente comme mangeur de feu, soit, si notre équivalence *feu = écriture* tient bon, mangeur d'écriture. Manger du feu rejoint toutes les opérations de « cuisson » précédemment évoquées — nouveau-nés, puberté... —, celle de la bouche en l'occasion, « cuisson » à la signification désormais familière : imprimer la marque culturelle sur une activité physiologique en nouant l'une à l'autre.

La force d'un grand livre, et *le Cru et le Cuit* en est un, tient à ce qu'il offre au lecteur des matériaux permettant une interprétation différente de celle proposée explicitement dans le texte.

Cette autre lecture considérerait donc la découverte du feu comme temps *second*, répétant et permettant de penser un moment *premier*, plus fondamental, refoulé : *l'émergence du langage.* Le mythe M10 énonce clairement :

« Autrefois les *hommes* ignoraient le feu et ils réchauffaient leur viande en l'exposant au soleil sur une pierre plate afin qu'elle ne soit pas complètement crue[16]. »

Il s'agit bien déjà d'une société humaine qui découvre le feu.

Lévi-Strauss semble frappé d'une étrange inhibition pour aborder le thème de l'origine du langage dans le savoir mythique. Il cite bien un mythe (M45) sur cette origine, où précisément l'apparition des hommes et celle du langage se donnent comme quasi simultanées, mais aucun commentaire, aucune transformation — si abondants à d'autres moments moins importants — ne l'accompagne [17], silence sans doute corrélatif de certains a priori théoriques et idéologiques de l'auteur.

Mais, en définitive, les conséquences de ce silence paraissent mineures. Ce qui est tu en ce point précis est proclamé, répété tout au long de l'œuvre. *Le Cru et le Cuit* révèle en définitive un clivage entre une avant-scène occupée par la thématique du feu et une autre scène, au moins aussi importante, où Lévi-Strauss présente sa réflexion dans un tout autre éclairage : celui précisément du langage. Aussi précocement qu'il énonce sa thèse du feu-origine, il nous livre une seconde clé :

> « Dans le cours de ce livre nous établirons qu'il existe un isomorphisme entre l'opposition de la nature et de la culture et celle de la quantité continue et de la quantité discrète[18]. »

Cette dimension du discontinu, si elle ne fonde pas l'ordre du langage, en est l'impérative condition nécessaire, la seconde condition, l'articulation, étant d'ailleurs amplement remplie. Sous-jacente au feuilletage

---

16. *Ibid.*, p. 79.
17. *Ibid.*, p. 131.
18. *Ibid.*, p. 36.

du mythe, elle en forme la roche mère, véritable développement contrapuntique — musique oblige — à l'ensemble des significations exhumées au long du livre. Ainsi les mythes M2 et M3, racontant comment l'humanité primitive fut décimée en traversant une rivière, entraînent le commentaire suivant :

> « Il semble donc que les deux mythes, pris ensemble, se réfèrent à trois domaines, chacun pour son compte originellement continu, mais dans lesquels il est indispensable d'introduire la discontinuité pour pouvoir les conceptualiser. Dans chaque cas, cette discontinuité est obtenue par élimination radicale de certaines fractions du continu. Celui-ci est appauvri et des éléments moins nombreux sont désormais à l'aise pour se déployer dans le même espace tandis que la distance qui les sépare est désormais suffisante pour éviter qu'ils n'empiètent les uns sur les autres ou qu'ils ne se confondent entre eux... Or dans quelque domaine que ce soit c'est seulement à partir de la quantité discrète qu'on peut construire un système de significations [18bis]. »

Un schéma résume cette analyse :

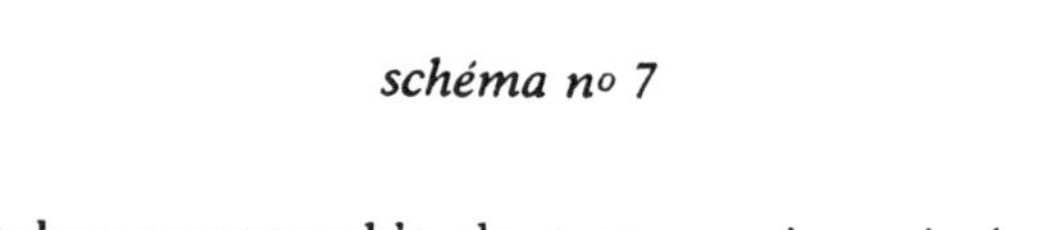

```
  1 2 3 4 5 6 7 8         1   2   3   4
  ├─┼─┼─┼─┼─┼─┼─┤         ├───┼───┼───┤
  ENSEMBLE PRIMITIF       ENSEMBLE DÉRIVÉ
```

schéma nº 7

Analyse remarquable, dont nous aurions aimé souligner chaque mot. Sans doute parce qu'elle fait écho à

---

18 bis. *Ibid.*, p. 60.

tout ce que laborieusement nous avions dégagé dans l'analyse de la *cacheroute* juive et sa redondance à fabriquer, à partir d'un continuum, du discontinu, synonyme de culture.

« Le passage de la nature à la culture correspond, dans la pensée indigène, à celui du continu au discontinu », répétera plus loin Lévi-Strauss. Dans la pensée indigène ? Et dans la nôtre donc ! La largeur même des intervalles criblant le discontinu a sa fonction, repérable justement dans les concepts musicaux de « diatonisme » pour les grands intervalles et « chromatisme » pour les petits.

> « Tout se passe comme si la pensée sud-américaine, résolument pessimiste par son inspiration, diatonique par son orientation, *prêtait au chromatisme une sorte de malfaisance originelle*, et telle que les grands intervalles indispensables dans la culture pour qu'elle existe, et dans la nature pour qu'elle soit pensable par l'homme, ne puissent résulter que de l'autodestruction d'un continu primitif[19]... »

Le critère diatonisme/chromatisme apporte peut-être une lumière nouvelle à des questions rabâchées et pourtant brûlantes. L'antipathie pour le chromatisme n'est ainsi pas le propre des Indiens sud-américains. Le judaïsme par exemple le vomit et professe par chacun de ses rites un goût pour le diatonisme le plus grand.

La fonction culturelle du feu paraît de moins en moins s'opposer à cette seconde analyse, langagière, du phénomène culturel ; bien au contraire, elle s'y inscrit et la conforte suivant l'équation :

---

19. *Ibid.*, p. 286. C'est nous qui soulignons la phrase.

continu → discontinu + reste

puisque la cuisson a pour effet physique immédiat de *diminuer*, de prélever en la brûlant une fraction de l'aliment, la transformant en « parfum agréable à Dieu ».

Le Cru et le Cuit se conclura donc très logiquement par des considérations, non sur le feu, mais sur le langage.

> « En prélevant sa matière dans la nature [lit-on à la dernière page], la pensée mythique procède comme le langage, qui choisit les phonèmes parmi les sons naturels dont le babillage lui fournit une gamme pratiquement illimitée... Pour qu'elle [la nature] se prête à ce rôle, il faut d'abord l'appauvrir : ne retenant d'elle qu'un petit nombre d'éléments propres à exprimer des contrastes et à former des paires d'oppositions.
>
> « Mais, comme dans le langage, les éléments rejetés ne s'abolissent pas pour autant. Ils viennent s'abriter derrière ceux promus au grade de chefs de file... Autrement dit, la totalité virtuellement illimitée des éléments reste toujours disponible... La pluralité des niveaux apparaît donc comme le prix payé par la pensée mythique pour passer du continu au discret [20]. »

Ainsi, de bout en bout, cet opérateur simple : discontinu/continu, se déploie et manifeste une prodigieuse potentialité explicative.

Parallèlement aux mythes d'origine du feu, Lévi-Strauss aborde au début de l'ouvrage une autre origine : *celle des maladies*. Le mythe bororo M5[21] raconte

---
20. *Ibid.*, pp. 346-347.
21. *Ibid.*, p. 68.

qu'au cours d'une pêche, une femme, plutôt que de transporter les poissons vers le village, les mange gloutonnement jusqu'à ce que son ventre enfle, qu'elle vomisse et exhale ainsi les premières maladies.

L'origine de la pathologie et de la mort se trouve donc rapportée à *une femme* ne sachant pas s'abstenir de manger et dont la gloutonnerie sans limites provoque la ruine du monde. Sous un habillage différent, nous retrouvons le thème du péché originel, de la faute d'Ève qui mange ce qu'elle ne devrait pas. La morbidité, et donc la clinique, prend racine dans le « péché de bouche », faute contre la culture, mettant en péril l'humanisation par un retour à l'état de nature, à l'état du continu ou inorganisé, faisant écho à ce que Freud appela *pulsion de mort*. On creuse sa tombe avec ses dents, dit un proverbe.

D'autres mythes confirment l'étiologie orale des maladies, la pathogénie de la « faim de loup » que la fonction modératrice du père ne vient pas tempérer :

> « Le perroquet qui fait " kra, kra, kra " serait un enfant humain transformé pour avoir englouti sans les mâcher des fruits rôtis sous la cendre et encore brûlants. Là aussi le mutisme est un résultat de l'incontinence[22]. »

Ces observations, précieuses pour une meilleure compréhension de faits cliniques, conduisent apparemment à une conception négative de la maladie, mal absolu. Pourtant, dans un de ces retournements dialectiques que l'auteur ménage avec art, le malade se révèle comme une des figures de la médiation précisément parce qu'il est *diminué*, conformément à l'équation :

$$\begin{array}{ccc} discret & = & continu & - & reste \\ \text{(culture)} & & \text{(nature)} & & \end{array}$$

---

22. *Ibid.*, p. 127.

« Dans tous les cas [lisons-nous], un système discret résulte d'une destruction d'éléments ou de leur soustraction d'un ensemble primitif dont l'auteur est lui-même *diminué*... Aveugles ou boiteux, borgnes ou manchots sont des figures mythologiques fréquentes par le monde et qui nous déconcertent parce que leur état nous apparaît comme une carence. Mais de même qu'un système rendu discret par soustraction d'éléments devient logiquement plus riche bien qu'il soit numériquement plus pauvre, de même les mythes confèrent souvent aux infirmes et aux *malades* une signification positive : ils incarnent des modes de la médiation [23]. »

Malade, aveugle, boiteux, Lévi-Strauss enrichit la série d'un autre personnage, plus surprenant, « le *confiné* qui connote une attitude particulière à l'égard du monde féminin vis-à-vis duquel il refuse de prendre ses distances, cherchant au contraire à s'y réfugier... Le *confiné*, le reclus, sera celui qui comme nous dirions " s'accroche aux jupes de sa mère " [24] ».

Ces développements permettent d'approfondir la réflexion freudienne sur le judaïsme que nous menons, car les figures médiatrices que Lévi-Strauss dégage sont précisément celles qu'Israël présente au monde — source de violentes ambivalences — à travers ses patriarches fondateurs : Abraham, diminué par la circoncision, Isaac, aveugle cherchant à tâtons l'identité de ses fils, surtout le dernier et principal patriarche, Jacob, qui condense en lui toutes les modalités de la médiation : « confiné » auprès de sa mère, aimant faire la cuisine et possédant l'art de mijoter les plats de lentilles qui lui rapporteront le pactole de l'héritage pater-

---

23. *Ibid.*, p. 62. C'est nous qui soulignons.
24. *Ibid.*, p. 65.

nel au détriment du frère chasseur, hyperviril, Esaü ; mais aussi, conséquence de son combat contre l'Ange d'où vient son nom d'Israël, Jacob est fondamentalement le boiteux, dont les descendants gardent la mémoire — avec une étrange fierté — dans l'interdit de consommer les quartiers arrière d'un animal. Le même Jacob-Israël s'est fait connaître des hommes par ce rêve du plus lumineux exemple de médiation que l'on ait inventé : l'échelle posée sur terre et dont l'extrémité se perd dans les cieux.

Les prophètes, à leur tour — Moïse et Jérémie avec leur difficulté de parler, Job et sa maladie —, insisteront sur cette fonction médiatrice de l'infirme.

Nous comprenons mieux, au-delà des relents nationalistes secondaires, cette étonnante persévérance du peuple juif à se vouloir à la fois « peuple élu » et « peuple boiteux ». La maladroite notion d'élection désigne fondamentalement la fonction de médiation du judaïsme entre nature et culture, par des rites qui le rapprochent des peuples les plus primitifs et une pensée talmudique qui le met de plain-pied dans la science, entre Orient et Occident, entre Dieu et les hommes.

Ajoutons que le peuple juif revendique collectivement la place d'« épouse de Dieu », et par conséquent une certaine position féminine. La femme en effet, de ce qu'elle incarne dans son anatomie la castration, diminution suprême, devient la figure médiatrice par excellence entre les hommes, les cultures, agent privilégié de l'action divine dans l'Histoire.

L'évocation de la femme conduit à l'ultime et décisive objection où les chemins lévi-straussien et freudien se séparent. Elle porte sur la leçon globale que Lévi-Strauss dégage à la fin de son ouvrage.

 « Et si l'on demande à quel ultime signifié renvoient ces significations qui se signifient l'une l'autre mais dont il faut bien qu'en fin de compte et toutes ensemble elles se rapportent à quelque chose, l'unique réponse que suggère ce livre est que les mythes signifient l'esprit qui les élabore au moyen du monde dont il fait partie [...].

« C'est pourquoi il est vain de chercher à isoler dans les mythes des niveaux sémantiques privilégiés : ou bien les mythes ainsi traités se réduiront à des platitudes, ou bien le niveau qu'on aura cru affranchir se dérobera, pour reprendre automatiquement sa place dans un système comportant toujours plusieurs niveaux[25]. »

Au bout de son parcours, Lévi-Strauss rencontre cette entité difficilement situable hors d'une conception théiste : le « quelque chose » dernier serait l'esprit. Nous lui opposerons cette autre conception qui se dégage de l'expérience freudienne : pourquoi le terme ultime ne serait-il pas le *rien*, un trou noir radical où le carrousel vertigineux des signifiants viendrait se perdre... et repartir, défaut de la structure qui la soutient, trou de non-sens dans le sens qui prolifère ?

Mais pourquoi le *rien* et l'*esprit* lévi-straussien seraient-ils inconciliables, et ne pourrait-on identifier l'esprit à ce trou qui sans cesse se déplace, toujours ailleurs du lieu où l'on pensait le saisir et l'abolir, et crée sur ses bords aspirations et tourbillons ? Parce que ces deux conceptions aboutissent au moins à cette divergence qui paraît d'importance : absents pour Lévi-Strauss, voire « platitudes », les « niveaux sémantiques » existent bien pour la psychanalyse, transparaissant à chaque page du livre sans que le texte, toujours fluide, veuille s'y arrêter. Le trou structural, le manque qui caractérise le fait humain, se conjoint à ce que nous appelions le *champ de la procréation*, de la sexualité et ses impasses : mystère de la grossesse et de la mater-

---

25. C. Lévi-Strauss, *op. cit.*, pp. 346-347.

Le discret et le continu

nité, énigmes de la paternité et de la filiation, enfin la mort, doublure de l'ensemble du champ.

Cette position freudienne ne paraît pas difficile à soutenir à travers le texte même de *le Cru et le Cuit*. Dès les premières pages le lien entre feu et champ de la procréation est établi — mais comme subrepticement :

> « Un mythe kraho, relatif à une visite d'un héros humain chez le jaguar, contient la remarque suivante qui relie directement le motif du feu et celui de la grossesse : " La femme du jaguar était très enceinte, à la veille d'accoucher. Tout était prêt pour l'accouchement, surtout un bon feu qui flambait, car le jaguar est le maître du feu. "[26] »

A la conjonction, dans le registre imaginaire, de la maternité et du feu fait écho, dans le symbolique, l'opposition du continu au discontinu. Lévi-Strauss remarque que cette distinction synchronique répète l'opposition diachronique présence/absence, celle-là même que Freud, fondamentalement, dans l'observation du *fort-da*, rattache à la mère [27].

	SYNCHRONIE	
présence	continu	discontinu
absence		

(DIACHRONIE)

schéma n⁰ 8 [28]

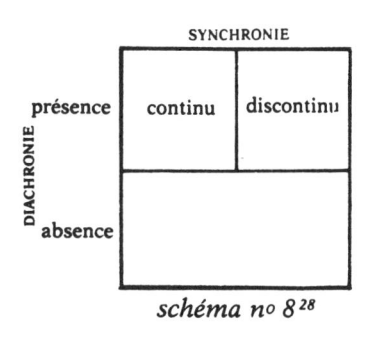

26. C. Lévi-Strauss, *op. cit.*, p. 80.
27. S. Freud, *Au-delà du principe de plaisir*, in *S.E.*, vol. XVIII.
28. C. Lévi-Strauss, *op. cit.*, p. 232.

Ces thèmes : maternité et paternité, naissance et mort, castration, décrivent une sarabande incessante tout au long de l'œuvre, avec une insistance particulière en son milieu, dans la partie intitulée « Fugue des cinq sens — Cantate de la sarigue ».

La question de la brièveté de la vie et de la mort y est directement reliée à la cuisine, et par conséquent à la culture :

> « La comparaison entre les versions apinayé et karaja de l'origine de la vie brève offre un autre intérêt qui est de rendre manifeste le lien entre ce motif et celui de l'origine de la cuisine. Pour allumer le feu, il faut ramasser du bois mort, donc attribuer à celui-ci une vertu positive bien qu'il soit privation de vie [...] entre la vie brève et l'obtention du feu de cuisine, il existe une liaison intrinsèque[29]. »

La fonction de la féminité comme médiatrice privilégiée, celle par qui vient au monde le savoir, mais aussi naissance et mort — soit ce que recouvre pour nous le péché d'Ève –, est rappelée pour ainsi dire dans chaque mythe.

> « M77... : Le premier homme, créé par le démiurge, vivait dans l'innocence bien qu'il possédât un pénis toujours en érection dont il essayait vainement de provoquer la détumescence en l'arrosant avec de la soupe de manioc. Instruite par un esprit aquatique [...] la première femme apprit à celui-ci comment ramollir son pénis en se livrant au coït. Quand le démiurge vit le pénis flaccide, il se mit en colère et dit : " Désormais tu auras un pénis mou, tu feras des enfants, et puis tu mourras ; ton enfant grandira, il fera aussi un enfant, et il mourra à son tour. "[30] »

29. *Ibid.*, pp. 159-160.
30. *Ibid.*, p. 163.

On ne saurait exprimer plus clairement la dimension de la castration freudienne. Mais, ici comme ailleurs, uniquement préoccupé de considérations formelles et structurales — combien importantes certes —, Lévi-Strauss n'accompagne ce texte d'aucun commentaire.

Avec la « Cantate de la sarigue », l'énigme de la femme, mère et médiatrice, rebondit et s'amplifie.

Par une citation de Florian, Lévi-Strauss présente d'emblée ce petit marsupial, comme « modèle des mères[31] ». Les mythes gé lui attribuent l'origine des plantes cultivées — et principalement des céréales — en même temps que manger cet animal, figure nourricière par excellence, entraîne vieillissement rapide et mort[32].

Les indigènes associent également à l'émergence de cette figure mythique la différenciation des langues, des peuples et des coutumes.

La sarigue se substitue parfois au jaguar comme maître du feu[33].

L'auteur extrait chacune de ces significations, notons-le, par un procédé analogue à la *gezera chava* midrachique, en mettant en parallèle des mythes de diverses origines.

Parmi ces significations, relevons un attribut surprenant, de grande importance, rattaché à la sarigue, celui de « puanteur », de « moisi », associé à ce contexte de maternité et de céréales.

Cette constellation hétéroclite a déjà été rencontrée à propos de l'analyse des rites de la fête de *Pessah*: la proscription énergique, absolue, du *hamets*, terme qui justement désigne le « fermenté », le « corrompu ». Notre interprétation de la Pâque juive comme fête de la séparation du sujet et de la mère, préparation à l'avène-

---

31. *Ibid.*, p. 172.
32. *Ibid.*, pp. 172 et suiv.
33. *Ibid.*, p. 183.

ment de cette grande parole qui résume les dix commandements : « Je suis celui qui t'a fait sortir du pays de l'esclavage », s'en trouve renforcée, et la signification du *hamets* mieux située dans un ensemble cohérent.

Il semble légitime en tout cas de soutenir, contre Lévi-Strauss, que les mythes alimentaires analysés par lui renvoient bien à un « niveau sémantique privilégié », impossible peut-être à désigner d'un signifiant particulier : la femme qui manque à l'homme peut-être, le champ de la procréation, la conjonction du sexe et de la mort, la fonction phallique, celle du Père — autant de termes qui conviennent sans tout à fait satisfaire.

⁂

Le détour par l'anthropologie permet de préciser cette formule qui progressivement devient algorithme : *manger le Livre*.

Le primitif, qui ne dissocie pas son alimentation des mythes — équivalents du Livre de nos cultures et dont ils possèdent bien des propriétés — qui la sous-tendent, incorpore ces mythes en mangeant. La figure minimale typique de cette incorporation est celle de la viande cuite : manger cuit, c'est avaler métonymiquement le feu injecté par la cuisson dans l'aliment, feu dont l'équivalence avec l'écriture s'est imposée par de multiples exemples.

Nous voici, en résumé, devant un jeu d'équivalences bidimensionnelles, représentable par un système d'axes cartésiens qui définirait un *espace clinique*. Les termes qui y sont indiqués ne sont pas exhaustifs, d'autres ont précédemment été signalés, mais semblent les points pivots de cet espace :

Le discret et le continu

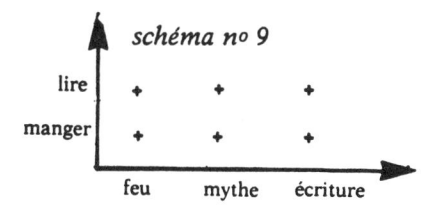

schéma n° 9

```
lire    |  +    +    +
manger  |  +    +    +
        +─────────────────▶
           feu  mythe  écriture
```

Notre analyse pourrait aussi se condenser dans un tableau de coefficients dont les combinaisons fourniraient certaines clés cliniques que nous tâcherons bientôt d'explorer.

	manger	......	lire	......
feu				
mythe				
écriture				
......				

schéma n° 10

6

LE LIVRE DANS LE CHAMP FREUDIEN

> « A quoi ressemble un enfant dans le ventre de sa mère ? A un livre plié. »
>
> Talmud.

> « La psychanalyse nous enseigne que l'enfant est le père de l'homme. »
>
> J. Lacan.

L'être humain mange de l'écriture pour constituer à travers le symbolique sa réalité psychique. Cette thèse est-elle si atypique qu'il paraît dans l'ensemble de la théorie psychanalytique ?
Son point d'ancrage le mieux établi : le concept de pulsion orale et sa fonction primordiale dans l'organisation psychique. Pourtant à lui seul, dans son acception usuelle, ce concept ne justifie pas notre construction. Seulement, à la lumière du savoir sur les rites et les mythes alimentaires, il l'appelle.

On trouve trace de préoccupations orales dès l'aube des écrits de Freud, précisément associées aux rites alimentaires juifs et au renvoi qu'ils impliquent au péché originel. Ainsi, dans cette lettre à sa fiancée, souvent citée depuis que l'héritage juif intéresse les freudolo-

Le discret et le continu

gues, trouvons-nous ces propos d'un vieil imprimeur juif, auxquels manifestement Freud adhère :

« Prenons par exemple les rites alimentaires, que peut-il y avoir de plus indifférent que ce que l'on mange?... Reportons-nous à l'histoire de la Création. Peut-être est-ce une fable, mais une chose à laquelle les humains ont cru depuis des siècles ne peut être absurde et doit avoir un sens. Lorsque Dieu eut créé les premiers hommes et les plaça dans le jardin d'Éden, le premier commandement qu'il leur donna ne fut-il pas un commandement concernant la nourriture? Pourquoi n'était-ce pas un commandement moral[1]? »

Le thème « manger le Livre » devient quasi manifeste dans un rêve considéré comme crucial de l' « autoanalyse » de Freud, *rêve de la monographie botanique*[1bis].

Ce rêve lui permet de retrouver un souvenir d'enfance de grande importance : son père l'avait laissé mettre en pièces un volumineux livre illustré, effeuillé « *comme un artichaut* », suivant son expression, objet hautement comestible. Freud rattache à cette scène, deux éléments de sa vie adulte. D'une part le choix de l'artichaut comme fleur ou légume préféré, simultanément son goût sans limites pour les livres, ses achats intempestifs en librairie qui lui causèrent des dettes gênantes. Concluant d'un mot ce fragment d'analyse, Freud se désigne comme *Bücherwurm*, « ver de livre », de ces vers qui justement rongent les livres et s'en nourrissent. Il faut désormais admettre que *Bücherwurm*, nous le sommes tous.

De quel volumineux livre illustré Freud aurait-il hérité sa passion simultanée du livre et de l'artichaut —

---

1. S. Freud, *Correspondance*, 1873-1939, lettre 7 du 23-7-1882, trad. française, Paris, Gallimard, 1966.
1 bis. S. Freud, « l'Interprétation des rêves », in *S.E.*, vol. IV et V.

légume hautement « feuilleté » ? Si le texte freudien ne l'indique pas, l'ouvrage de Théo Pfrimmer nous suggère l'hypothèse qu'il s'agirait de la Bible familiale, la Bible illustrée de Philippson, où Freud, de son propre aveu, se plongea très précocement avant même de savoir lire [2].

Ce thème, par la suite, semble disparaître des écrits freudiens. Pourtant une lecture attentive permet de le deviner en plusieurs textes importants.

Le premier exemple se trouve dans le cas princeps de l'analyse de Dora [3]. Cette jeune hystérique s'inscrivait complaisamment dans un quadrille où un couple d'amis, les K., redoublait le couple parental. Mme K. était la maîtresse du père tandis que le mari tentait de séduire Dora. A ces cinq personnages de tragi-comédie qui ont fait couler tant d'encre psychanalytique, il convient d'ajouter, ce que peu d'auteurs ont vu, un objet : un volumineux dictionnaire qui, tel le furet, émerge ou se devine aux moments les plus inattendus. Ainsi, dans ce moment crucial dit du second rêve, Dora rêve qu'elle lit une lettre de sa mère lui annonçant la mort de son père.

Nous savons, Freud l'aura assez souligné, que la mort du père est pour tout homme l'événement le plus tragique de son existence. A fortiori pour une hystérique dont toute la structure est dominée par l'amour du père. Comment Dora réagit-elle devant cette mort ? D'abord en oubliant la suite du rêve : « Les parties d'un rêve oubliées et remémorées ultérieurement, écrit Freud, sont toujours les plus importantes pour la compréhension. » Puis cet oubli se dissipe et Dora se souvient qu'« elle va tranquillement dans sa chambre et *lit un gros livre qui se trouve sur son bureau* ».

Freud l'interroge : « S'agit-il d'un livre ayant le for-

---

2. T. Pfrimmer, *Freud lecteur de la Bible*, Paris, P.U.F., 1982.
3. S. Freud, *Cinq Psychanalyses*, « Dora », chap. 3, in *S.E.*, vol. VII.

mat d'un dictionnaire ? Elle répond par l'affirmative. »
Il en conclut laconiquement, mais bien trop vite : « Son
père mort, elle pouvait lire et aimer à sa guise. » Dora
tirait en effet tout son savoir sexuel de la lecture *avide*
de ce dictionnaire, savoir qui constitue la trame de sa
réalité psychique.

Ainsi Dora se console facilement de la mort de l'être
cher entre tous avec un dictionnaire, celui-ci paraissant
se substituer parfaitement au Père-mort.

Le livre repéré chez Dora peut être retrouvé dans
maintes cures d'hystériques, et d'abord dans la plus
célèbre à jamais de toutes, puisque première dans l'histoire de la psychanalyse, celle dite d'Anna O. On relèvera là aussi la présence dans l'ombre d'un livre, un
recueil de Shakespeare cette fois, qui collait si fort à la
langue et au palais de la jeune juive germanophone que
pendant sa maladie elle ne pouvait parler... qu'anglais –
d'où l'invention des expressions célèbres en psychanalyse de *chimney-sweeping* et *talking-cure*. Ce symptôme,
unique dans les annales, n'a jamais été interprété malgré l'abondante littérature suscitée par Anna O.
N'aurait-elle pas « avalé » son Shakespeare en substitution de son propre père mourant ?

La relation de Dora au dictionnaire conduit à d'autres
considérations. Si le Livre canonique, d'origine religieuse, constitue la clé de voûte de la réalité psychique,
pour Dora cette même place revient au dictionnaire.
N'hésitons pas à généraliser : ce type de livre se substitue pour l'homme de l'ère scientifique, pour le sujet
de la science dont l'attache aux religions révélées
s'est défaite, au Livre, à la Torah d'un juif pieux par
exemple. Cet homme n'attend désormais de « révélations », de références, que d'un bon dictionnaire.

Dominique, une patiente, nous déclare dans les premières séances de sa cure : « J'ai décidé de revenir à la
réalité : j'ai ouvert mon dictionnaire. » Celui-ci est
devenu notre champ référentiel, le livre des livres, la
« réalité ». Si nous voulons assurer notre savoir sur

quelque question : scientifique, littéraire, géographique, etc., nous ouvrons le *Littré*. Le juif pieux, lui, agit de la même façon, seulement il n'ouvre pas un dictionnaire mais une Bible ou un Talmud.

Relevons aussi cette métamorphose des coutumes. Autrefois, lorsqu'un enfant avait appris à lire, on lui offrait avec solennité une Bible. Aujourd'hui, à suivre les conseils de G. Duhamel, « le plus beau présent que l'on puisse faire à un enfant quand il sait lire c'est de lui offrir un dictionnaire ». De même disait-on d'un érudit : « C'est un *Sefer Torah*, une Bible. » Aujourd'hui on préfère désigner cet homme comme « dictionnaire » ou « encyclopédie ». La forme même du dictionnaire, voire son papier imitent ceux du Livre, en faisant le livre sacré du laïc.

Cette équivalence : *Bible ∽ dictionnaire*, il suffit pour s'en convaincre davantage de consulter l'article *dictionnaire* d'un dictionnaire[4]. On y découvre que l'idée même de tels ouvrages est récente, contemporaine justement de l'émergence de la science. Sans doute les Latins ont-ils inauguré l'entreprise au IIe siècle avec l'*Onomasticon*, mais la véritable aventure commence aux XVIe-XVIIe siècles.

Bien des auteurs ont souligné l'équivalence relevée ici. Anatole France, par exemple, écrivait : « A bien prendre les choses, le dictionnaire est le livre par excellence. Tous les autres livres sont dedans : il ne s'agit plus que de les en tirer. Ainsi, quelle fut la première occupation d'Adam quand il sortit des mains de Dieu ? La Genèse nous dit qu'il nomma d'abord les animaux par leur nom. Avant tout, il fit un dictionnaire d'histoire naturelle. » Baudel, surtout, eut l'intuition suivante : « Je vois dans la Bible un prophète à qui Dieu ordonne de manger un livre. J'ignore dans quel monde Victor Hugo a mangé préalablement le dictionnaire de la langue qu'il était appelé à parler. »

---

4. Pour l'occasion, nous avons choisi le *Robert* en onze volumes.

Le discret et le continu

⁂

Une autre présence du Livre chez Freud, sans doute plus subtile mais qui ouvre d'importantes perspectives, se trouve dans *Introduction à la psychanalyse*, au chapitre crucial consacré au transfert[5]. Chacun sait, par ailleurs, que Freud aimait particulièrement la botanique et possédait en la matière de solides connaissances. « Le transfert, écrit-il, peut être comparé à la couche intermédiaire entre l'arbre et l'écorce, couche qui fournit le point de départ à la formation de nouveaux tissus et à l'augmentation d'épaisseur du tronc. »

Cette même métaphore, « entre arbre et écorce », se trouve également employée ailleurs pour désigner l'inconscient lui-même, chez Freud comme chez Lacan.

Or, précisément, cet « entre écorce et arbre » s'appelle en botanique le *liber*, étymologie précisément de « livre », puisque le premier support de l'écriture fut cette couche intermédiaire facilement détachable dans certaines espèces.

Implicitement donc, Freud, nous propose une théorie du transfert structuré comme un livre.

Le terme *liber* se révèle, d'ailleurs, un nœud fourmillant de significations, réparties sur deux versants antinomiques et séparés d'un cheveu, d'une ligne de crête.

Le même *liber* est à la racine en effet du terme « liberté ». Que le livre et la mise en échec de la tyrannie plongent leurs racines au même point est déjà riche d'enseignements. L'allégorie d'Ézéchiel mangeant le Livre nous figure – il nous faudra y revenir – un processus d'émancipation.

Nous retrouvons le livre-liberté dans le signifiant

---

5. S. Freud, *Introduction à la psychanalyse*, chap. 27, in *S.E.*, vol. XVI. Nous extrayons le développement qui suit, à l'état quasi brut, du discours d'une patiente, M., souffrant d'un éthylisme dont elle sortit guérie. Ignorant tout des préoccupations exposées ici, elle accomplit seule ce déchiffrage.

« délivrer » qui désigne la fin d'un accouchement. Notre langue retrouve ainsi l'équivalence talmudique enfant-livre, sans doute universelle.

Par ailleurs *liber* renvoie à un autre versant, *celui de l'alcool et de la mythologie. Liber* ou *Liber Pater* est en effet le nom latin de Dionysos-Bacchus, dont nous avons tiré le terme « libation ». Il dérive de la traduction de *Lyaios*, le « Libérateur », surnom donné à Dionysos, liberté comprise ici comme hors la loi[6].

Un bref détour par la mythologie nous informe que ce dieu fut procréé suivant un scénario inhabituel. Sa mère Sémélé meurt au sixième mois de gestation et Zeus, le père, portera le fœtus cousu dans sa cuisse. Comme dans la couvade, comme dans toute assomption de paternité, le père occupe transitoirement, imaginairement, une position féminine. Mais incontestablement le mythe de Bacchus-Dionysos pousse cette donnée à son extrême, représentant *un mode de paternité profondément perturbé.*

Ce désordre se déploie et s'amplifie dans le culte rendu à ce dieu, dans ces orgies cruelles dites *bacchanales*.

Dionysos incarne dans le mythe la position subjective de refuser la loi de la cité tout en vivant à sa marge, à son contact, dans le déni.

> « Dionysos [nous dit le dictionnaire] n'est jamais entièrement inscrit dans la cité. Ses temples y sont rares, il est plus souvent devant la cité qu'au-dedans. Tout un aspect qui se réclame de lui met en valeur ce refus du politique et de la vie socialisée. »

Le sujet franchit incomplètement l'hiatus qui sépare nature et culture, il réclame sa proximité, son attache-

---

6. Puisque nous fréquentons en ces pages le dictionnaire, c'est le *Grand Larousse encyclopédique* qui fournit ici ces précisions. Article *Dionysos*.

Le discret et le continu

ment à la nature mère. Curieusement cette position se traduit en comportements et rites alimentaires :

> « Le partage [poursuit le *Grand Larousse*] se fait en termes culinaires : la cité incite à manger la viande cuite d'animaux domestiques sacrifiés selon les règles qui prévoient la part des dieux et celle que les hommes peuvent obtenir. Dans le dionysisme le modèle est l'omophagie : manger crues les chairs d'une victime animale capturée et déchiquetée au terme d'une poursuite sauvage. »

Que retrouvons-nous là, sinon à nouveau la loi noachide *Evar min hahaï*, ne manger de viande que sacrifiée, au premier abord si anodine et qui progressivement confirme sa fonction culturelle essentielle, dont la *cacheroute* est le renforcement ? Le culte bachique consiste d'abord à mettre en question, à renier ce rite alimentaire universel. Déchiqueter une proie comme un carnassier se dit en hébreu *taref*, soit le contraire de *cacher*.

Réapparaît aussi cette permanence dans tout rite alimentaire d'un *reste* qui revient à Dieu pour fonder la discontinuité nécessaire du symbolique, fonction elle aussi déniée dans le dionysisme.

> « On sort ainsi [conclut notre auteur] du système qui fonde la condition humaine dans un double rapport : avec les dieux et avec les hommes. Dionysos entraîne ses fidèles dans une nature extérieure à la cité où les bêtes, les hommes et les dieux se confondent et sont interchangeables. »

Pour les conduire où ? Sans doute possible dans la barbarie extrême :

> « Les bacchantes se conduisent comme des bêtes féroces et Agavé rapporte la tête de son fils traqué par la meute des femmes dont elle dirige la

course. A l'extrême Dionysos contraint à l'anthropophagie. On bascule dans un temps antérieur à la société où les hommes se mangent entre eux comme font les bêtes sauvages [...]. Le plan de la bestialité se confond avec l'âge d'or. Dionysos inaugure le règne de l'Unité, antérieur au temps de la différence [...] efface le partage traumatisant entre les dieux et les hommes. »

Seulement en supprimant la Loi qu'ils n'ignorent pas mais qu'ils dénient, Bacchus et ses disciples lointains introduisent un traumatisme plus grave encore : la barbarie.

Dionysos est une figure, parmi d'autres, de ces délires religieux cruels autour de divinités maternelles d'avant le *Moriah*, où le bras d'Abraham s'arrête avant de frapper le cou de son fils. Agavé, comme tous les *baalim* cananéens, en tuant son enfant, raille l'interdit du Père qui lui énonce : « Tu ne réincorporeras pas ton produit. » Cette thématique de la Mère et du retour à elle, à la nature, à l'âge d'or, à quoi le Père fait objection, est à la racine de toute pathologie individuelle comme des grands délires collectifs barbares de toute époque, de la nôtre particulièrement.

L'incorporation du Livre, ce bâton dans la gueule du crocodile qui l'empêche de se refermer sur sa proie, le sujet, semble ici en partie ratée, pas tout à fait absente mais instable, inaccomplie. Le drame de tout alcoolique, nous aurons bientôt à le préciser, se déploie sur cette toile de fond : une paternité perturbée, voire impossible.

*
**

Relevons une dernière référence, furtive mais précieuse, du texte freudien, sinon au Livre, du moins à l'écriture. Elle se trouve, au crépuscule de l'œuvre, dans le célèbre *Malaise dans la civilisation* :

« A l'origine l'écriture était le langage de l'absent, la maison d'habitation, le substitut du corps maternel, cette toute première demeure dont la nostalgie persiste probablement toujours[7]... »

Ce jugement présente une ambiguïté de signification. Affirme-t-il l'équivalence de l'écriture et du corps maternel ? Le vieux principe midrachique de contiguïté des énoncés repris par Freud nous autorise à le dire. D'ailleurs, y a-t-il absent plus radical que la mère ?

Un auteur de première importance, Mélanie Klein, ôte nos derniers doutes : l'écriture est bien l'équivalent du corps maternel. Elle l'affirme en plusieurs textes, particulièrement dans son livre *la Psychanalyse des enfants*. Le lien de la lecture à l'enfantement lui est aussi familier.

« La lecture [écrit-elle], en raison de l'équivalence symbolique entre les livres et le corps de la mère, en était venue à représenter un arrachement brutal des matières et des enfants qui se trouvaient à l'intérieur de la mère[8]. »

D'un point de départ et dans une formulation très éloignés des nôtres, Klein aboutit ainsi à des conclusions convergentes — à une exception de taille : le Livre est symbole maternel alors que jusqu'ici il nous apparaissait lié au père.

Avant de commenter cette divergence, examinons un texte d'un autre élève éminent de Freud, influencé en la circonstance par Mélanie Klein, James Strachey, l'auteur de la canonique *Standard Edition* qui — faut-il s'en étonner ? — consacra un article à : « Quelques facteurs inconscients dans le mécanisme de la lecture[9]. »

Articulé dans la catégorie des pulsions — que Freud, critique voilée des productions de certains élèves, appe-

---

7. S. Freud, *Malaise dans la civilisation*, in *S.E.*, vol. XXI, p. 91.
8. M. Klein, *la Psychanalyse des enfants*, trad. française, Paris, P.U.F., 1978, p. 69. Cf. aussi pp. 199 et 282.
9. J. Strachey, « Some Unconscious Factors in Reading », *International Journal of Psycho-Analysis*, 1930, vol. XI.

lait « notre mythologie » —, ce court texte offre de nombreuses et inattendues similitudes avec les thèses de ce livre.

On y trouve surtout l'affirmation nette que la lecture, même si elle met en jeu d'autres mécanismes, est le substitut de manger, la sublimation de l'oralité. Thèse appuyée sur l'observation clinique de troubles de lecture mais aussi sur des observations langagières. Comme le français, l'anglais présente de nombreuses métaphores alimentaires concernant la lecture : lecteur vorace, omnivore, etc.

Strachey retrouve au passage les deux modes de lecture précédemment repérés en lectures « indifférente » et « canonique », que lui-même désigne : lecture aisée, lecture problématique. Pour lui la raison de ce clivage tient à la division de la phase orale en deux moments : celui de l'alimentation liquide puis solide, ou sadique-oral. Cette explication génétique, malgré son intérêt, ne rend pas compte, à l'évidence, de l'essentiel du phénomène.

Citant Klein, mais aussi Freud et Glover, il reprend l'équation :

Livre = corps de la mère dévoré dans la lecture

Mais le caractère forcé, fortement réglé de l'opération, évoque inévitablement une participation paternelle que Strachey réintroduit en faisant de la lecture un équivalent de... coprophagie [10], perversion que les kleiniens interprètent comme symbole du pénis paternel incorporé. La lecture devient par cette acrobatique déduction une dévoration du père.

Strachey ne manque pas enfin d'évoquer Ézéchiel.

Reste l'équivoque : le Livre est-il équivalent paternel ou maternel? Qu'il y ait une composante féminine au Livre ne peut faire de doute quand on considère la tendresse que manifeste un fidèle juif quand il porte dans

---

10. Le thème de la coprophagie est d'ailleurs présent chez Ézéchiel.

Le discret et le continu

ses bras un rouleau de la Torah ou quand il le recouvre de ses parures. Tout aussi bien ces gestes de piété évoquent les soins portés à un bébé.

Mais la composante *père* du Livre nous paraît prévalente. La théorie de la fonction paternelle de Lacan, d'inspiration structurale et linguistique, permet de trancher simplement l'hésitation. Parler de « substitut » ou d' « équivalent » maternel indique bien l'engagement du sujet dans le symbolisme du langage. A quel autre titre en effet les pages d'un livre peuvent remplacer le corps d'une mère? Substitution de signifiants donc, celui du Livre — et de l'amour qu'on lui porte comme au père — venant recouvrir le désir de la mère. Cette substitution — ou plutôt cette *métaphore* — est celle-là même qui définit le père comme point régulateur de toute la structure du langage.

Depuis des lustres d'ailleurs, les kabbalistes ont pressenti et longuement commenté la dimension féminine et maternelle qui se profile derrière l'austère figure du Père.

Ainsi Mélanie Klein et surtout Strachey, par leurs voies propres, sont parvenus à des éléments de conclusion très proches de ceux du présent texte. Mais ils n'ont pas osé franchir le pas décisif, saisir que cette opération de manger le Livre était la vérité des errements — et des intuitions — de Freud à propos du repas totémique. Bien des difficultés concernant l'identification primaire et le sur-moi auraient été aplanies.

Avec Lacan le point nodal de l'incorporation du Livre est totalement explicité. Sa réflexion sur le sur-moi freudien l'a déjà mis sur la piste. Comment Freud, interroge-t-il, a-t-il pu inventer cette instance faite de langage, en lui donnant l'oralité pour racine, à moins d'introduire l'hypothèse, apparemment loufoque, de l'être humain mangeur de mots [11]?

Quelques années plus tard il conclut un des

---

11. J. Lacan, *Le Séminaire*, livre IV : *La Relation d'objet*, Paris, 1994, Éd. du Seuil.

moments les plus forts de son enseignement, son séminaire sur *l'Éthique de la psychanalyse*, par une belle et longue méditation sur saint Jean mangeant le Livre[12]. Cette fois, plutôt que le sur-moi, c'est une autre aporie de Freud que Lacan veut illustrer: celle de la sublimation, où la pulsion se satisfait sans refoulement mais en changeant de but. Quel meilleur exemple prendre que celui de l'oralité apparemment si proche des besoins biologiques?

« Il y a du manger, énonce-t-il. Quoi? Le Livre [qui dans] cette image puissante devient l'incorporation du signifiant lui-même. »

Cette opération, poursuivit-il, « se produit tous les jours ». Mais la sublimation nécessairement se paie d'un renoncement de jouissance, d'une « livre de chair » dont la récupération est précisément la fonction de la religion – livre de chair dont nous avons, à chaque étape, vérifié la chute comme ponctuation des étapes de la *cacheroute* ou dans l'examen des mythes alimentaires, créatrice du discontinu et du symbolique. Ainsi s'introduit le concept de *désir*, que cette perte suscite.

Où mène cet aveugle désir humain, aujourd'hui réfugié, selon Lacan, dans l'homme de science?

> « L'avenir nous le révélera peut-être du côté de ceux qui par la grâce de Dieu ont mangé le plus récemment le Livre, ceux qui n'ont pas hésité, ce livre de la science occidentale, à l'écrire avec leurs efforts voire avec leur sang. Il n'en est pas moins un livre comestible... L'important n'est pas de savoir si l'homme est bon ou mauvais d'une façon originelle, l'important est de savoir ce que donnera le Livre quand il aura été tout à fait mangé[13]. »

---

12. Sans doute lui a-t-il échappé qu'Ézéchiel avait précédé l'Apocalypse de Jean.
13. J. Lacan, *Le Séminaire*, livre VI: *l'Éthique de la psychanalyse*, Paris, 1986, Éd. du Seuil.

Le discret et le continu

Dans l'énigme du désir, dans son métabolisme, le Livre joue son rôle inaperçu[14].

Pourtant, Lacan non plus ne tire pas toutes les conséquences du mécanisme qu'il met au jour, la réponse qu'il contient à la difficile question de l'identification primaire. Sans doute parce que la réalité de l'incorporation d'écriture lui échappait, cette réalité que nous avons découverte dans le *seder* de *Roch Hachana*.

*
**

Où tout cela mène-t-il? Désormais droit vers la clinique, la plus directement observable et la plus classique.

Nous n'avons pas cessé, en effet, d'interroger la question fondamentale de la psychanalyse, celle qui soutient tout son édifice : la fonction paternelle, cette étrange chicane où, passant par la castration, le sujet accède lui-même au désir et à la paternité. Moment crucial qui mobilise l'ensemble de la structure, avec l'acceptation de ce fait qui double ou énonce différemment la sexualité : la mort. Chicane riche d'équivalences dont Freud nous donna l'équation :

$$\textit{fèces} \curvearrowright \textit{pénis} \curvearrowright \textit{enfant}$$

enrichie d'abord d'un terme, celui de *Livre*, puis de deux autres, fournis par l'étude des mythes : le *feu* et le *mythe* lui-même, ancêtre du Livre. Ainsi obtient-on cette nouvelle chaîne développée :

$$\textit{fèces} \curvearrowright \textit{pénis} \curvearrowright \textit{feu} \curvearrowright \textit{mythe} \curvearrowright \textit{Livre} \curvearrowright \textit{enfant} \longrightarrow$$

A propos précisément de cet enfant, merveilleux comme il se doit, ne dit-on pas qu'à son apparition le

---

14. L'observation clinique vérifie ce rôle aisément. Une patiente obsessionnelle par exemple déclarait qu'au début de sa puberté : « Brusquement les livres remplacèrent les poupées », ces ersatz de son désir d'enfant.

cercle de famille s'élargit, c'est-à-dire qu'il accepte le nouveau venu? L'opération comporte sa difficulté si l'on pense aux jalousies fraternelles qui constituent la trame courante des relations sociales; ou qu'à ce moment précis peut éclater la psychose du géniteur. Mais le plus souvent l' « heureux événement » s'intègre bien et vite au dispositif familial.

On pense moins à l'opération inverse, bien plus épineuse, celle par laquelle le nouveau sujet doit reconnaître ce groupe où il naît, ce peuple dont il est membre malgré lui, lesté d'une histoire toujours douloureuse, riche peut-être de quelques faits de gloire mais aussi de combien de drames et d'humiliations, d'épisodes troubles, de lâchetés et rivalités intestines. Cet amer calice de l'histoire familiale perpétuée dans sa structure présente, le nouveau-né doit le boire pour prendre rang dans le défilé des générations. Telle est la signification principale que nous attribuons à la dévoration du Livre: accepter son inscription dans l'histoire du groupe que le Livre consigne, sa place dans le défilé de ses générations, et désormais porter en soi la promesse, la potentialité de l'acte procréateur futur. A quoi ressemble le Livre dans le ventre de l'homme, pourrait-on paraphraser? A une promesse d'enfant à venir inscrite dans un lignage.

Cette question du désir, pointe extrême de l'interrogation psychanalytique, interpelle sur son origine, sa cause mystérieuse. Dès ses premiers pas[15], Freud en saisit le contour: une jouissance déçue, un « manque-à-jouir » dont toute expérience semble frappée, comparée à une mythique jouissance première[16]. Le même texte de Freud nous enseigne que cette jouissance humaine écornée s'associe étroitement, elle en est l'effet, à un certain savoir, structuré comme tout savoir humain sui-

---

15. S. Freud, *Esquisse pour une psychologie scientifique*, in S.E., vol. I.
16. On sait l'ampleur que Lacan donnera à cette perspective avec son objet *a*.

vant les lois du langage. La part perdue de jouissance, incommensurable, va ainsi de pair avec une lacune, un manque dans le savoir qui rend impossible à jamais tout *savoir absolu*.

La psychanalyse a trouvé dans cette faille son lieu de naissance, faille que Freud appela « refoulement primaire », part de savoir sur l'origine, à la fois inaccessible et structurant la réalité psychique. Le pouvoir des religions sur l'homme tient à leur prétention de détenir ce secret dernier.

Nécessité impérieuse pour un sujet que d'accepter cette limite au savoir qui l'ampute, qu'il y a de l'impossible à dire et à juger. L'illusion d'un possible savoir absolu conduit à des élucubrations sans fin, à la pathologie, au délire. L'effusion mystique, hors symbolique, ne paraît pas d'une meilleure veine.

Or, « manger le Livre » n'est qu'une formule rafraîchie pour désigner la formation de ce refoulement originaire. Le roman d'Umberto Eco, *le Nom de la rose*, illustre bien ce mécanisme. Un moine médiéval pense nécessaire au salut du monde qu'un ouvrage d'Aristote sur le rire dont il détient l'unique exemplaire ne soit jamais lu. Il en empoisonne les pages pour que son contact entraîne la mort d'audacieux lecteurs. Puis, aucune manœuvre ne parvenant à détourner l'humaine curiosité, il mangera littéralement le livre et en mourra ; le savoir d'Aristote sur le rire devient ainsi une part de savoir inaccessible.

Cette amputation du symbolique, si douloureuse qu'elle semble, est pourtant la condition pour que le système ne soit pas clos et mortifère, qu'un certain jeu, une part d'équivoque, restent possibles au langage avec son empilement de métaphores et sa ronde de métonymies où le désir humain peut se faufiler. Le sujet peut alors comme le prophète répondre à l'appel : « Va et parle ! »

A l'opposé, tout projet totalitaire repose sur l'illusion d'un savoir absolu possible.

L'expérience montre la difficulté de cette assomption, pouvant laisser place à un rejet sans appel qui ouvre les portes d'une psychose. Par un triste retour du réel, à défaut d'avoir été mangé, le Livre mangera celui qui a fait défaut à la tâche.

Plus souvent, celui qui a incorporé le Livre refoulera dans l'amnésie l'indissoluble pacte. Position qui entraîne en effet immédiat une régression structurale. Sur quelle ligne de défense ? Notre chaîne d'équivalences l'indique : sur le mythe, sur ce « mythe individuel du névrosé » que Freud repéra très tôt. Le sujet s'invente une autre histoire familiale faite de princes riches ou héroïques. Un tel mythe accompagne et recouvre une haine violente contre sa famille réelle, son groupe culturel et religieux, puis suivant la trajectoire boomerang de toute pulsion contre le seul objet vraiment à sa portée, le plus détruit dans l'opération : lui-même.

Cette amnésie névrotique peut en s'aggravant laisser place au démenti de l'opération. C'est alors le renforcement du courant mythologique devenu mythomanie, voire une régression plus sévère sur le thème antérieur, celui du feu. Cliniquement se constituent alors les perversions orales dont l'alcoolisme est la plus répandue.

⁂

Une objection de taille vient à l'esprit. Voici décrit un dispositif bien complexe. Comment le petit de l'homme, si désemparé, parvient à trouver son chemin, accomplir des opérations si paradoxales, s'identifier, refouler, incorporer, etc. ?

Il convient ici de ne pas répéter le curieux silence de *Totem et Tabou* sur le *véritable opérateur* de cet ensemble de processus : la mère.

La maternité présente l'énigme, à peu près impensable à l'esprit masculin, d'un amour si pur qu'il accepte ce renoncement peu commun à la jouissance — qu'une mère pourrait tirer de son petit et que celui-ci lui

Le discret et le continu 153

réclame — pour qu'advienne en lui la fonction du désir. Le nouveau-né, dans sa prématurité générique, ne tend qu'à un but : former une dyade parfaite avec sa génitrice, être son pôle exclusif d'intérêt. Qu'elle s'absente seulement et le nourrisson vit cet instant comme antichambre de la mort.

Or ce même nouveau-né a tôt fait de découvrir que cette mère, quel que soit son dévouement, paraît attirée par un second pôle qui l'exclut, pôle voilé pour lui, énigmatique, le phallus, dont le père est porteur. La dyade de ses vœux échoue en une triade. Dans l'interrogation forcée sur ce qui « la fait courir », l'enfant rencontre le Livre que la mère, voilée dans la métaphore paternelle, met à sa portée. Il le mange en sevrage du sein, s'identifiant ainsi à son père et à l'ordre des générations qu'il introduit.

Voilà bien des significations et des effets nombreux et divers pour cette incorporation du Livre. Ils ne sont pas indépendants mais forment réseau, facettes d'un phénomène complexe dont il n'est pas facile – bien que souhaitable – de repérer précisément l'articulation réciproque. Aussi le schéma n° 11 sert essentiellement d'aide-mémoire et de résumé.

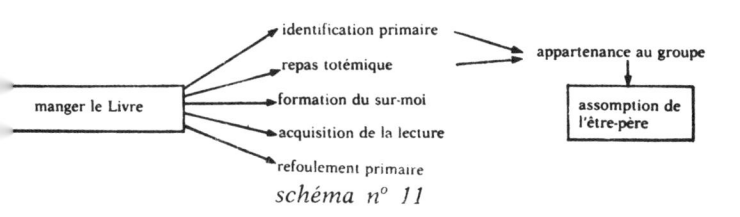

manger le Livre →
- identification primaire → appartenance au groupe
- repas totémique →
- formation du sur-moi
- acquisition de la lecture
- refoulement primaire

appartenance au groupe → assomption de l'être-père

schéma n° 11

Ajoutons enfin que manger du signifiant n'est pas spécifique à l'homme, qu'en tout cas les animaux dits « d'hommestiques » (Lacan) y participent. La célèbre expérience de Pavlov l'atteste. Que fait-on en effet à ce pauvre chien ? On associe à un aliment un signal, lumineux, auditif, mais aussi bien un signifiant, une parole. Au deuxième temps de l'expérience, on ne « sert » à l'animal que cette parole, ce qui suffit pour que salive et suc gastrique coulent.

⁂

Peut-on enfin réduire l'hiatus entre la formule de Freud, celle de la dévoration cannibalique du père, et celle de manger le Livre ? Quelques remarques et le petit apologue qui suivent tentent cette gageure.

Les livres canoniques des religions monothéistes, ceux qui occupent la place du Livre — Ancien Testament et Talmud pour les juifs, Évangiles pour les chrétiens, Coran pour les musulmans —, ont au moins un point commun : la condition historique de leurs rédaction. Chacun de ces maîtres ouvrages retrace une expérience de conversion, c'est-à-dire de mutation subjective où la vision du monde se trouve totalement refondue. Curieusement, la transcription de celle-ci n'est jamais faite *statu nascendi*, au moment où l'expérience se déroule, mais quand elle s'achève, par ses derniers acteurs. Elle en est le *testament*.

Ainsi les derniers maîtres talmudiques, Ravina et Rab Achi, écrivent-ils le Talmud quand la dispersion juive, non complètement effectuée, est inscrite dans les faits. De même, les évangélistes ne rapportent qu'après coup la geste christique. Le Sanhédrin établit le canon biblique quand les institutions de l'antique État hébreu touchent à leur fin. Les exemples peuvent ainsi se multiplier. Le plus lumineux est sans doute celui de Moïse remettant son livre aux Anciens peu avant sa fin.

L'effet de « mise en livre » d'un enseignement au moment où son heure historique s'éclipse, à son agonie, a pour conséquence de conserver, de suspendre ce discours dans une existence hors temporalité, dans une fixité quasi *hypnotique*, rêve éveillé. Ce livre structure

Le discret et le continu

alors le groupe où il est né, lui donne son liant et assure sa perpétuation.

Pour le descendant lointain de ce livre existe une réalité seconde, à la fois irréelle et pourtant aussi réelle que les événements d'hier : la silhouette d'Isaac se détache toujours dans le crépuscule allant au-devant de la caravane qui ramène de Mésopotamie cette fiancée qui le « consolera de sa mère », celle de Jacob abreuvant les troupeaux de la jeune Rachel, l'orage de feu sur le Sinaï, l'ascension solitaire du Nebo, David et sa lyre, les imprécations d'Isaïe, tout se passe comme si moi aujourd'hui, dans les embouteillages du périphérique ou l'attente dans un aéroport, j'étais le témoin direct de ces scènes majestueuses, étranges mirages que rien ne dissipe, noyau dur de ma mémoire et de mon fantasme.

Est-ce alors ce phénomène méta-réel dont le poète Edgar Poe eut l'intuition dans son conte : « la Vérité sur le cas de M. Valdemar[17] » ?

Dans cette histoire extraordinaire le héros, au moment de trépasser, se fait hypnotiser et meurt dans cet état. L'hypnose permet au corps de ne pas se décomposer tandis que le défunt conserve la parole et témoigne de sa terrible expérience. Il demandera finalement que l'on mette un terme à l'hypnose et, à l'instant même, le cadavre se liquéfie en une putréfaction abominable.

Le Livre donne réalité à la métaphore de Poe. Il maintient vivante, bien que révolue, la parole des maîtres fondateurs du groupe considéré. Alors le manger revient à cet atroce repas cannibalique que Freud imagina dans son repas totémique.

⁂

Ainsi, littéralement, le Livre apparaît comme le spectre nécessaire qui hante les hommes. Nous pourrions

17. Edgar Poe, *Histoires extraordinaires*.

filer autour de lui une nouvelle conception de l'Histoire dont il serait, autant que la lutte des classes, le nez de Cléopâtre ou le progrès des techniques, le véritable effecteur. Contentons-nous de quelques remarques qui fermeront provisoirement notre tissage.

L'histoire des hommes nous paraît effectivement cousue par le fil du Livre, par sa circulation de furet dans le tissu social, par le découpage de l'espèce humaine en groupes rivaux qu'il effectue.

A l'intérieur même des espaces culturels déterminés et structurés par ces livres, se déroulent d'indéfinies luttes à mort, non de pur prestige, mais pour le contrôle du Livre, en posséder le dépôt et maîtriser sa circulation, imposer, enjeu suprême, une certaine lecture officielle. En un mot le Livre se présente comme le véritable sceptre du pouvoir.

Contester le pouvoir établi ne revient-il pas souvent à traduire différemment les Écritures canoniques, à en renouveler la perspective dans un remaniement si profond que la langue elle-même peut s'en trouver modifiée. Évoquons ici, comme illustration exemplaire, la grande aventure de Luther, véritable inventeur de l'allemand moderne.

Cette aspiration au contrôle du Livre est évidemment une aspiration à la tyrannie, à tenir en ses mains les réseaux descendants de l'autorité et à sa merci le métabolisme de la jouissance du troupeau dont on se pose comme guide, désormais dispensé de l'épreuve redoutable.

L'enseignement lumineux d'Ézéchiel se situe à l'antipode. Celui qui mange le Livre, par une possession individuelle et inaliénable, échappe à cette économie du tyran. Le Livre *lui est*, directement, sans intercesseur ni guide. Il devient os dur où les dents de la grande bouche parfois se brisent, toujours s'arrêtent. Le prophète s'oppose au tyran dans ce rapport au Livre que l'un incorpore quand celui-là le place sous bonne garde, à l'index, dans une chambre forte où les hommes ne pourront l'atteindre.

Organe essentiel du pouvoir — en tout cas d'un pouvoir soucieux de se perpétuer et non exercice ponctuel d'une pure violence —, cette propriété du Livre tient à son rôle dans le mécanisme de transmission.

Parmi les grandes tâches que doivent résoudre une institution, un pouvoir, la plus importante est celle de leur transmission, de la perpétuation de leur structure[18]. D'où régulièrement d'épineux problèmes d'héritage, source de conflits violents, causés par l'avide convoitise pour le Livre.

Les grandes institutions que Freud prit pour modèles, l'Église et l'armée, présentent ce caractère exemplaire d'avoir à peu près parfaitement maîtrisé cette opération délicate. Tel n'est pas le cas des institutions psychanalytiques elles-mêmes.

---

18. La question de la filiation y est évidemment sous-jacente.

TROISIÈME PARTIE

LE LIVRE
ET LA CLINIQUE

1

AU-DELÀ D'UNE CLINIQUE DE L'ORALITÉ

Praxis d'abord, la psychanalyse convie toute spéculation en son champ à se mesurer au réel de sa clinique. Permet-elle une saisie plus fine, une élucidation de phénomènes restés obscurs ? Épreuve à laquelle il faut désormais se mesurer, en déployer la véritable dimension même si elle ne fut jamais absente des développements précédents.

Le matériau clinique ne saurait évidemment faire défaut, eu égard à la place fondamentale que la pulsion orale occupe dans toutes les structures psychopathologiques.

Sans doute et légitimement pense-t-on d'abord à celles où elle vient au premier plan : l'alcoolisme, l'anorexie...

Mais au-delà, si, comme nous l'énonçons après Freud, l'homme fonde et assimile le symbolique à travers son oralité, notre chemin doit croiser la question des troubles d'acquisition du langage.

La *dyslexie*, trouble des enfants qui apprennent à lire et n'y parviennent pas, ou à travers mille difficultés, et qui constitue un véritable fléau scolaire, nous intéresse particulièrement.

Le psychanalyste rencontre la dyslexie soit dans l'observation directe de l'enfant, soit dans l'anamnèse d'une cure d'adulte. Paradoxe familier au clinicien, cette seconde voie, mieux que l'observation directe, se révèle plus riche d'informations.

Ce trouble ponctuel dans l'accession du sujet au symbolique devient dans la *psychose* l'élément essentiel. Nous verrons le renfort inespéré qu'apporte à notre construction un examen, même rapide, de la schizophrénie.

Éclairage complémentaire à diverses questions psychopathologiques, chacune considérée pour elle-même, notre thèse permet en outre d'entrevoir comment une certaine affection peut se transformer en une autre, de prime abord très différente.

Le praticien est sans doute peu surpris de voir, par exemple, une anorexie devenir épisodiquement boulimie – Maïmonide aurait déjà situé ces deux troubles sur la même *mida*, sur une même « droite » pathologique. Il est plus nouveau d'avancer comme procédant d'une même cause un éthylisme de l'adulte et une dyslexie dans l'enfance de ce sujet.

D'autres questions viennent au-devant de nous. Celle en premier d'une *théorie psychologique du médicament*. Tous les médecins savent qu'outre son effet pharmacologique, on observe fréquemment qu'une potion induit souvent des effets paradoxaux, parfois disproportionnés. La question culmine avec l'effet *placebo*, c'est-à-dire de véritables guérisons observées quotidiennement avec des produits médicalement inactifs. Les résultats obtenus par les thérapeutiques homéopathiques pourraient bien s'éclairer par ce biais.

Cet effet étrange prend une ampleur particulière avec les maladies psychosomatiques qui, rappelons-le, à l'opposé des troubles dits fonctionnels, sont des affections présentant des lésions somatiques constatées.

Il est facile de le vérifier, le champ parcouru ici du regard est immense. Ne pouvant en établir un relevé détaillé, nous insisterons plutôt sur certains points qui nous paraissent désormais en connexion.

— La schizophrénie comme trouble extrême, limite, dans la relation de l'individu au symbolique. — La dyslexie, à l'inverse, comme manifestation première, ponctuelle de ce trouble. — L'alcoolisme comme question privilégiée, celle qui sans doute fournit les plus beaux matériaux à notre étude. — Les névroses, territoire par excellence de la psychanalyse. — Quelques aperçus sur une théorie psychologique du médicament.

Nous avons choisi d'utiliser de préférence des documents publiés, vérifiables par tous.

L'ensemble forme, croyons-nous, une première assise clinique attestant que notre construction a quelque fondement.

2

LA PREUVE PAR LE SCHIZO

On a coutume d'affirmer que le psychotique, le fou, montre son inconscient à nu. Affirmation erronée mais qui frappe les esprits parce qu'elle rend compte de données immédiates et mal interprétées de l'observation.

Les manifestations psychiques, les formations de l'inconscient, présentent dans la psychose un caractère rigide, non dialectisable, comme pétrifié. La comparaison souvent utilisée est celle d'un film qui soudain se bloque sur une image, devenue plan fixe. L'observation et l'étude de cette formation en sont par conséquent facilitées.

En tout sujet s'est opérée une sorte de traduction fondamentale, une *métaphore*, c'est-à-dire la substitution d'un terme à un autre, le second voilant le premier : le désir *de* la mère et *pour* la mère se trouve transmué par la fonction du père devenue désormais clé de voûte de la réalité psychique. Chez le psychotique cette traduction principielle ne s'est pas opérée.

Telle est, très brièvement, la conception psychanalytique actuellement prévalente précisée par Lacan à partir des théories que Freud établit dans son commentaire célèbre des mémoires d'un psychotique, Schreber.

Dans les fleuves de littérature analytique que l'ouvrage de Schreber — et son commentaire par Freud — a suscités, un détail n'a jamais été souligné comme il le mérite. Il prend désormais une singulière importance : à savoir que Schreber *écrit un livre*, qu'il s'en est suivi une sédation de ses troubles, suffisante pour que les autorités médicales acceptent sa sortie de l'asile. Manifestation dans un cas extrême du caractère thérapeutique — sans doute hésitant, incomplet — de la rédaction du livre.

Un psychotique, disions-nous, est celui pour qui la fonction paternelle est comme un trou, sans signification dans l'inconscient. A la question : qu'est-ce qu'un père ? rien ne vient répondre sinon le délire.

Or nous avons patiemment établi l'équivalence d'inspiration talmudique et désormais fondamentale :

$$livre = enfant$$

Pour certains sujets, écrire un livre pallie la lacune qui troue le réseau symbolique. Le livre devient « rustine » imparfaite, fragile, à renouveler, mais qui colmate l'infirmité psychique procédant d'une défaillance dans la fonction paternelle.

Cette issue, écrire un livre, non pas n'importe quel bouquin, mais un livre qui ambitionne d'être un ouvrage définitif comme le croyait Schreber, le livre des livres, qui approcherait du statut de Livre, se révèle à l'examen extrêmement fréquente, elle est là chaque fois qu'un sujet défaille devant sa tâche d'homme, de père *confronté à l'emprise du désir féminin*.

Les figures pathologiques varient et, parmi elles, celle éminente de l'alcoolique. La question dans ses formes multiples reste une : celle de la psychose[1].

Un texte moins connu que celui de Schreber : *le Schizo et les langues*[2], de Louis Wolfson, confirme largement ces propositions. Peu de documents illustrent

1. Lacan a soutenu un propos convergent à propos de Joyce et de son œuvre, prothèse à la psychose, sans recourir cependant à la catégorie du Livre.
2. L. Wolfson, *le Schizo et les langues*, Paris, Gallimard, 1970.

aussi bien le rapport de la psychose à la structure du langage.

Louis Wolfson, auteur et héros principal de son livre, se présente lui-même comme schizophrène ayant connu de multiples hospitalisations psychiatriques. Sa vie entière gravite autour de cet ouvrage (écrit directement en français, il comporte de remarquables étrangetés de style). La fin du livre témoigne d'une amélioration certaine de sa maladie.

Ainsi, à nouveau, un individu soumis aux désordres psychiques les plus sévères trouve dans la rédaction d'un livre — qui, dans l'ambition de l'auteur, ne vise pas moins qu'à réformer la langue dans son écriture et sa grammaire, une sorte de livre canonique donc — l'issue à sa détresse, résultat de l'absence de cette traduction élémentaire qu'effectue un père. Toute l'activité de L. Wolfson consiste précisément en un effort échevelé de traduction.

L. Wolfson est juif américain mais pour sa famille cette référence a perdu toute importance. Les commentaires que l'ouvrage a suscités soulignent peu ce trait qui paraît cependant essentiel, le lieu même où gît la forclusion du Nom-du-Père. L'incroyable activité du héros, consacrée en particulier à l'étude de l'hébreu, aura d'ailleurs pour effet de rendre une pâle lumière à ce signifiant primordial.

Sa biographie, particulièrement pauvre, est rapidement résumée dans les premières pages du livre. Enfant d'un couple précocement divorcé, à la triste et misérable histoire ; un père particulièrement falot, dont il semble peu de dire qu'il est inexistant, illustration de ce que le terme lacanien de *forclusion* peut recouvrir quand il s'incarne. Sa relation à son fils se résumera en visites à l'hôpital psychiatrique conclues par le don d'une pièce de monnaie.

Cependant, une péripétie de son enfance nous arrête : le premier trouble que manifesta l'enfant L. W. fut une grave dyslexie. « Pour pouvoir lire convenablement cette langue, écrit-il, se désignant de cette troisième personne, ça lui avait été une vraie bataille[3]. »

Le « schizo » — autre dénomination dont il s'affuble — vérifie ainsi la *loi de transformation entre troubles pathologiques*, ici entre un comportement alimentaire aberrant, le dyslexie et la psychose.

Le livre de L. W., contrairement aux textes du genre, n'est pas la transcription d'un grand délire, d'interprétations hallucinées, mais la minutieuse description des activités du personnage réparties en deux rubriques.

D'abord la rubrique linguistique. Le principal trouble de L. W., qui vit à New York, est de ne pouvoir supporter d'entendre le moindre mot d'anglais, surtout prononcé par sa mère. Aussi vit-il les doigts enfoncés dans les oreilles ou portant un casque radio branché sur des émissions étrangères. Mais ce barrage énergique n'est pas tout à fait étanche et parfois un mot anglais le franchit, provoquant une intense douleur. Pour éliminer de sa conscience le signifiant intrus, L. W. a découvert un curieux procédé linguistique, consistant à le traduire en plusieurs langues étrangères, chaque traduction devant contenir certaines consonnes du mot anglais, présenter avec lui une vague homophonie. Pour lui, seules les consonnes comptent, vague écho de son attache hébraïque.

L'ouvrage est presque entièrement consacré à ces épuisantes et en apparence dérisoires activités linguistiques. L'auteur y déploie une formidable énergie, étudiant simultanément et non sans résultats — son livre écrit directement en français en témoigne — des langues aussi difficiles que le russe, le français, l'hébreu et quelques autres. Pour goûter le style de ces exercices, une lecture de quelques pages du livre est indispensable.

Ces étranges traductions ont débuté après une intervention du père, mensongère, mais la seule qu'il ait sans doute faite dans l'esprit de son fils, affirmant que

3. L. Wolfson, *op. cit.*, p. 34.

le mot *arbre* se disait en anglais comme en russe *tree*.
L. W. s'accrochera à cette grotesque remarque, à cette parole du père, comme à une planche de salut.

L'activité pathologique de L. W. comprend une seconde rubrique : son comportement alimentaire. Avec la complicité de sa mère, le « schizo » s'adonne périodiquement à de folles boulimies compulsives, exécutées dans une excitation extrême et qui le laissent dans un grand abattement coupable.

Document unique, la description précise du déroulement de ces accès présente un intérêt clinique exceptionnel. D'abord une phase préliminaire, une attente anxieuse, dont L. W. tente de se protéger par ce bouclier désormais familier : les livres.

> « Le besoin émotionnel de prendre un ou même plusieurs livres avec lui en allant manger (comme d'ailleurs en allant n'importe où)[4]. »

Témoignage qui recoupe ceux que la cure analytique ou la simple observation fournissent : le livre calme l'angoisse, non seulement par sa lecture mais déjà par sa seule présence.

Un patient avait ainsi coutume après certaines séances d'entrer dans une librairie et d'acheter un livre... ou dans une pâtisserie, avec une prédilection pour les millefeuilles. Dans mon pays natal, dans les familles pieuses, on conseillait aux enfants souffrant de frayeurs nocturnes de placer un ou plusieurs livres de la Torah sous leur oreiller. Aucune angoisse de mon enfance ne résista jamais à ce traitement que Wolfson connaît donc, mais qui se révèle pour lui un paravent insuffisant.

La seconde caractéristique des orgies alimentaires de Wolfson est d'une portée tout aussi grande. Il ne s'agit pas dans ces débordements alimentaires de manger

---

4. L. Wolfson, *op. cit.*, p. 49.

mais, littéralement, de se remplir la cavité buccale jusqu'à la gorge, de manière à ce que le *moindre interstice* — les espaces entre lèvres, joues et dents — soit supprimé.

« Se farcissant la bouche de gros morceaux de nourriture, écrit-il, jusqu'aux espaces entre les dents négligés et à n'en pouvoir plus fermer cet organe », et jusqu'à la salive qui ne peut plus couler librement dans ce volume où tout intervalle a été comblé.

Ne sommes-nous pas confronté à l'antagonique, à la négation du protocole de tout rite et mythe alimentaire tel que la *cacheroute* nous l'enseigne ? A l'inverse du soin méticuleux dont toute culture use pour transformer le continuum du bol alimentaire en un ordre discontinu où les intervalles entre éléments soient les plus larges possible, le psychotique, cet hors-discours, vise à rétablir le continu et à effacer le symbolique.

Que le ressort de ces aberrations soit le rejet du manger-le-Livre et de la lecture qui s'y substitue trouve sa preuve dans la remarquable description de Wolfson. Ses crises de boulimie s'accompagnent en effet d'un phénomène apparemment sans lien : éviter à tout prix de lire les étiquettes collées sur les boîtes et les caisses de victuailles !

Sans doute est-ce ce rejet de l'écriture que L.W. déplace en une phobie hallucinée, celle de vermisseaux et œufs de parasites — traits et ponctuation — qui pourraient souiller la nourriture qu'il mange.

Comme le note G. Deleuze dans la pénétrante préface qui accompagne l'ouvrage, la réalité psychique de Wolfson repose sur l'équation :

$$mots = nourriture$$

le psychotique révélant ouvertement ce que chacun effectue inconsciemment.

Mais nul humain, même totalement fou, ne saurait survivre longtemps dans un collapsus complet du symbolique. *Le Schizo et les langues* est le récit des efforts héroïques et dérisoires pour établir de pauvres étais contre cet effondrement, pour les relever quand ils sont emportés, pour rétablir, en un mot, la structure abolie.

La première de ces parades est une compulsion mentale à l'analyse chimique de tout ce qu'il mange. L'étude de la *cacheroute* — toujours elle ! — révéla déjà l'existence et la portée de ce phénomène qui crée ou renforce les séparations, le discontinu.

Le même vœu de rétablir un ordre discret transparaît dans les choix diététiques de L. W. hors de ses crises boulimiques, choix qui soulignent l'intimité du lien entre cuisine et symbolique. Nous lisons :

> « Le psychotique supposait que manger du pain, des gâteaux, des crevettes frites et d'autres mets auxquels on ajoutait de l'huile végétale, *bien insaturée*, pour la cuisson ou la friture lui fut salutaire ou tout au moins ne lui nuisit pas autant que si, pour la cuisson, l'on ajoutait de la graisse animale (celle-ci étant *saturée*)[5]. »

Les raisons médicales que L. W. avance pour justifier cette recherche de l'insaturé, si vraies soient-elles, paraissent dans ce contexte rationalisations secondaires. L'incroyable élaboration à laquelle il se consacre, triturant les lettres et les signifiants, tend précisément à développer cette insaturation. L'instrument privilégié de cette opération, le livre, vient naturellement à sa rencontre dans sa forme privilégiée, ersatz de Bible, le *dictionnaire*. Wolfson en utilise une multitude, ils l'entourent, le protègent.

Posant explicitement l'équivalence si péniblement établie de lire et manger, il écrit :

> « Et comme c'était souvent difficile pour le jeune homme malade de cesser de manger une fois commencé, il lui était difficile également de

---

5. L. Wolfson, *op. cit.*, pp. 52-53. C'est nous qui soulignons.

cesser de consulter ses dictionnaires en langues étrangères une fois que commencé là [6]. »

Son effort n'est pas vain. Peu à peu, L. W. desserre l'étau qui le tue et la fin de son livre témoigne que sa relation à sa famille, au monde, à la langue anglaise devient supportable.

Incontestablement, le mérite de Wolfson est grand d'apporter ce témoignage brut, irréfutable, sur les étranges relations que l'homme entretient avec la langue et la sphère alimentaire. Mangeant l'une, il avale l'autre.

---

6. *Ibid.*, p. 212.

3

LE DYSLEXIQUE ET SON PÈRE

Si nous affirmons l'existence d'une relation profonde du père au Livre, sa nature ne nous en paraît pas moins profondément énigmatique. Les Écritures qui affirment la coexistence de toute éternité de Dieu et de la Torah nous renvoient à cette énigme, à la difficulté par exemple d'établir une hiérarchie entre ces termes. Une possible substitution de l'un à l'autre, donc une similitude de consistance, est une première manifestation directement saisissable – rappelons le sentiment de sécurité que tous deux procurent.

L'importance du père réel dans l'effectuation de l'incorporation du Livre, avec la maîtrise de la langue écrite pour résultat, en est une seconde.

L'étude des ratages, voire des impossibilités de cette acquisition, la dyslexie, trouve ici naturellement sa place. Sans doute les matériaux dont nous allons faire état n'ont pas l'ampleur souhaitable et ces quelques pages ne constituent qu'une introduction à cette importante question.

Rappelons que deux voies s'offrent à l'investigation : celle directe de l'enfant, celle indirecte en « sous-produit » d'une analyse d'adulte, renouant ainsi avec les préférences de Freud lui-même. Cette seconde voie est incontestablement plus riche, elle permet de mieux saisir les connexions et les transformations de ce trouble en un autre. Mais le praticien, assujetti au cadre de la cure, ne peut conduire et approfondir son enquête comme il pourrait le souhaiter.

L'examen direct de l'enfant dyslexique est d'apparence plus prometteur. Il suffit d'une consultation dans un dispensaire d'enfants pour rencontrer un nombre élevé de cas, la dyslexie constituant un des principaux symptômes actuels de la pédopsychiatrie et une des causes les plus fréquentes de consultation.

Mais les raisons s'opposant à une véritable investigation psychanalytique sont aussi très nombreuses. La demande de consultation provient à peu près toujours de l'école. Les enseignants éprouvent devant ce trouble de plus en plus fréquent une angoissante impuissance. L'âge des enfants est un second obstacle. Entre sept et dix ans, à la période dite de latence, le moment ne paraît pas propice ni fécond pour entreprendre une psychothérapie que, le plus souvent, les enfants ne souhaitent pas. Ils n'ont plus cette facilité des tout-petits pour entrer dans le jeu des cures d'enfants et pas encore formulé un souhait tel qu'un adulte, voire certains adolescents peuvent en émettre.

A ces conditions défavorables s'ajoutent certainement des raisons intrinsèques qui tiennent au trouble lui-même, à la structure familiale dont il est l'effet, et fonctionnent comme veto à l'analyse.

Aussi l'interlocuteur supposé « naturel » du dyslexique n'est pas l'analyste – « A quoi ça sert? » interroge souvent l'enfant en écho à sa famille – mais l'orthophoniste.

Ces considérations pessimistes sont évidemment à nuancer suivant la personnalité, le savoir-faire du thérapeute vis-à-vis des enfants. Elles n'empêchent pas d'énoncer quelques observations massives.

Les analystes qui s'occupent de dyslexie ont souvent rangé les fautes de lecture ou d'écriture infantiles dans la catégorie du lapsus freudien, de l'acte manqué au sens où il réussit à manifester un désir refoulé. Cette piste se révèle stérile.

La faute dyslexique est *en deçà* du lapsus qui, pour se former, implique déjà l'inscription psychique de la batterie signifiante du langage. Alors un terme peut venir remplacer un autre. Or cela même, la position du symbolique, est chez cet enfant en question. D'où la difficulté pour l'analyste d'accrocher ce symptôme.

Du moins l'élaboration présente permet un meilleur repérage de sa nature. Il s'agit d'un défaut, parfois grave, dans l' « apprentissage », l'acquisition du symbolique dans sa matérialité, celle de la lettre et de l'écriture. Les mécanismes précédemment décrits, ceux par lesquels le discontinu émerge du continu, se sont mal effectués et des plages de continu existent là où un intervalle aurait dû se former. Dès lors, la pure différence entre deux lettres à la graphie voisine n'est pas perçue. Le contexte de signification peut pallier ce défaut, ce que permet la « méthode globale ». Mais isolée, la lettre, comme pur symbole sans signifié, devient difficilement déchiffrable. Le dyslexique n'a pas tout à fait – ou pas du tout dans les cas extrêmes – mangé le Livre.

Cette conception structurale, brièvement exposée dans l'espoir que les praticiens à la tâche la relèvent pour une élaboration plus fouillée, se complète d'une seconde, plus concrète : le ratage dans l'acquisition de la lettre tient à la relation particulière du dyslexique à son père.

Avant de la définir, et pour éviter les malentendus, il faut rappeler que la position du père est toujours intenable. Freud n'a pas cessé de le rabâcher, lui pour qui le père idéal était le père mort. La difficulté à occuper cette place, dans notre monde déstructuré par la science qui fait voler en éclats les prothèses millénaires, est devenue extrême. Le père du dyslexique, lui, atteint la limite de l'épure, voire, dans le cas de Wolfson où cette dyslexie annonce une psychose, en sort.

Des théories ont fleuri ces dernières années situant la pathogénie du côté des mères. Combien d'études et de spéculations sur les mères de schizophrènes, d'anorexiques, etc.! Quel que soit leur intérêt, elles ratent l'essentiel de la pensée freudienne et lacanienne : la pathogénie est toujours, en dernière instance, du côté du père qui s'est dérobé à sa tâche. Les mères, elles, font ce qu'elles peuvent et sans doute parfois compliquent, rendent difficile l'action du père, la responsabilité de ce dernier reste entière. La pathogénie maternelle, souvent incriminée, se révèle, à un examen attentif, induite, secondaire à une vertigineuse carence du père. A la typologie des mères suivant un cadre nosographique devrait se substituer – si ce genre d'exercice avait son utilité! – une typologie paternelle. La personnalité du père du dyslexique y serait facile à repérer.

Il s'agit d'un père absent, absence *matérialisée*. A l'opposé du père du névrosé, qualifié de carent, dont les efforts désordonnés, parfois l'autoritarisme masquent mal la fréquente inconsistance et l'incohérence des principes, s'épuisant à une tâche qu'il fait mal mais qu'il fait. Différent aussi du père du psychotique, souvent présent, voire omniprésent, mais à la vertigineuse inefficacité symbolique. Le père du dyslexique, lui, n'est simplement pas là.

A nos débuts professionnels, quand un enfant dyslexique accompagné de sa mère consultait, nous demandions systématiquement à rencontrer le père. Sur plusieurs dizaines de cas, il n'y eut *que* des refus polis : « il » était très fatigué le soir en rentrant du travail, « « il » n'avait pas le temps et préférait, si l'invite devenait impérative, que son rejeton arrête sa cure. Bref, « il » n'entrait pas dans le jeu.

Les explications des mères, très homogènes malgré la variété des cas, cernaient toujours la même silhouette et le même scénario : le père souhaitait, quand il rentrait le soir, voir ses enfants déjà couchés. Une femme résuma ainsi la question : « Vous savez, mon mari fait partie des papas démissionnaires. »

Ainsi la rencontre nécessaire du père et de l'enfant ne pouvait *matériellement* se produire. Foin ici des subtils malentendus névrotiques et des incompréhensions!

A l'extrême, quand le père rentre chez lui les enfants dorment et demain, au moment d'aller à l'école, il ne faudra pas qu'ils réveillent leur géniteur épuisé par un effort qu'il n'a jamais commencé.

La cure d'une jeune femme, A., révéla la même donnée. Elle était âgée de cinq ans quand son père un jour disparut. Pourquoi fallait-il en outre que ce père de quatre enfants ne laisse ni n'envoie une lettre de rupture ou d'explications, ne signale jamais sa présence en quelque point de la planète? Si bien que quinze ans plus tard, notre patiente ignorait toujours avec le même désespoir si son père était mort ou vivant et en quel lieu il avait vécu. Peu après son départ, elle fit une sévère dyslexie traitée par une longue rééducation orthophonique.

Cette dyslexie fera place ultérieurement à d'angoissants accès de boulimie qui, sans atteindre les extrémités wolfsoniennes, la perturbent gravement. Toute l'histoire familiale porte étrangement cette oralité comme un stigmate, à l'occasion psychosomatique : le père disparu comme le frère de A. sont gravement diabétiques.

A. interrompit son analyse après quelques mois, ne supportant pas, disait-elle, les accès de désespoir où chaque séance la plongeait.

Déduire de ces remarques fragmentaires une conduite thérapeutique à l'égard du fléau scolaire qu'est aujourd'hui la dyslexie paraît hasardeux. En éclairer sa véritable dimension, liée à la structure familiale moderne, où l'affaiblissement de l'autorité et du prestige paternel va de pair avec celui du Livre, ceci au profit de l'hypertrophie imaginaire véhiculée par les médias audio-visuels, semble déjà un acquis de valeur.

4

LE MÉDICAMENT
ET LA PSYCHOSOMATIQUE

Sans doute est-ce là une des perspectives inattendues qu'ouvre notre thèse. Si l'homme mange de l'écriture et persévère dans cet acte, c'est, à n'en pas douter, qu'il en tire bénéfice, particulièrement pour sa santé. Nous touchons ainsi dans un même mouvement à la théorie — à peu près inexistante — d'une psychologie des médicaments comme à la psychosomatique.

Le principe de la psychologie du médicament s'énonce aisément : le nom du médicament joue un rôle, qui peut être décisif, dans le succès thérapeutique de celui-ci. Dans l'acte d'avaler un comprimé, qui porte un nom, le malade avale l'écriture de ce nom, tout comme le juif au *seder* de *Roch Hachana*.

Ajoutons que les Chinois savent cela de toute éternité puisque l'idéogramme *yào*, qui désigne le médicament, se décompose en ces sous-caractères : manger — papier — langue.

L'importance du nom du médicament en tant que tel n'échappe à aucun médecin et recoupe des expériences quotidiennes, en médecine générale comme, avec un relief particulier, en psychiatrie. Citons le cas d'un psychotique refusant énergiquement « parce qu'ils lui faisaient du mal » ses comprimés de Danetol[1] mais accep-

---

1. Nous avons déformé les noms véritables de ces médicaments bien connus.

tant tout autre médicament de la même famille. Au cours d'un entretien, il finit par confier : « Je me sens assez *damné* comme ça pour ne pas aussi avaler ce *danéchose.* »

Une autre malade avait un penchant pour le *Marinoctyl*, qui devait, selon elle, favoriser son mariage : « Nuit de noces », lisait-elle. De tels exemples peuvent être multipliés.

Une fois encore, ce que le psychotique formule crûment est à l'arrière-plan, inconsciemment, dans toute relation d'un sujet au médicament dont l'absorption orale a été, pendant des siècles, la voie de prise exclusive.

Les exemples précédents ont volontairement un caractère massif. Le lien avec le nom du médicament, son effet de suggestion, est en général beaucoup plus subtil et personnalisé, accroché à un groupe de lettres, à un chiffre, à la manière peut-être dont Wolfson réalise ses traductions.

Les publicistes ont perçu le phénomène depuis longtemps. On ne lance plus un nouveau médicament, sauf s'il s'agit d'une molécule véritablement efficace et nouvelle, sans se soucier du nom du produit.

Au-delà de la pharmacopée, beaucoup de produits alimentaires, de friandises jouent sur cette corde.

Jean Guir pense que des maladies psychosomatiques pourraient être déclenchées par l'absorption d'un signifiant lié à des événements traumatiques de l'histoire familiale du sujet. A l'inverse, en donnant des placebos affublés de noms spécifiquement composés d'après cette histoire, il aurait obtenu la disparition de certaines lésions cutanées[2]. Nous touchons là, avec grande prudence, à un réel que les marabouts sénégalais et les médecines traditionnelles manipulent depuis des lunes.

Pendant des siècles, la médecine n'a peut-être rien

---

2. Jean Guir, *Psychosomatique et Cancer*, Paris, Point Hors Ligne, 1983.

fait d'autre qu'administrer du signifiant à avaler, qu'elle prenait soin de formuler en latin, enveloppé de mystère et de religion.

La médecine scientifique croit pouvoir réduire cet ordre d'effets suggestifs. Paradoxalement, elle a exacerbé la demande en ce sens sous la rubrique des médecines « douces » : phytothérapie, homéopathie, etc.

Au risque de provoquer des polémiques, nous attribuons les effets de cette dernière à la richesse signifiante considérable – avec latin et chiffres kabbalistiques de surcroît – que l'homéopathie manipule.

Ces phénomènes mi-magiques, mi-amusants, illustrent – bien partiellement – en tout cas, la place qu'occupe le Livre dans les maladies psychosomatiques, maladies réelles souvent graves, où les facteurs psychiques, par exemple la perte d'un être cher, jouent un rôle dans leur déclenchement surdéterminé.

5

L'ALCOOLIQUE

L'alcoolisme apparaît comme la structure clinique la plus riche, la plus favorable pour explorer le rapport de l'être humain à l'écriture. On sait la place éminente que les alcooliques occupent dans la littérature, la meilleure, celle qui mérite la majuscule du Livre ?

Les développements théoriques précédents doivent beaucoup à l'examen de cette question et il faudra brièvement les restituer.

Un mot préalable de méthodologie. L'étude suivante repose exclusivement sur deux grandes œuvres littéraires.

Une autre voie, plus habituelle, aurait pu être tentée, celle psychobiographique, improprement appelée parfois psychanalytique, cherchant dans les événements d'une vie les déterminants d'une œuvre. Méthode qui à l'occasion ne manque pas d'intérêt : ainsi apprendrait-on que Fitzgerald ne buvait plus lorsqu'il rédigeait un de ses grands romans.

Il faut pourtant savoir refuser les tentations de cette voie. Elle n'a pas la fécondité qu'on imagine et les arguments qu'elle dégage restent discutables.

Plus difficile mais plus prometteuse se révèle cette autre approche : l'analyse intrinsèque de l'œuvre écrite elle-même. C'est à elle qu'un écrivain véritable confie ses questions insolubles, ses trouées dans le réel, sa

vérité. Sans doute scellées de multiples sceaux. Mais ils ne peuvent qu'aiguiser la sagacité du déchiffreur.

Alors, face à une œuvre, celui-ci a quelques chances d'en édifier une autre, de quelque valeur, au lieu d'une vague enquête parfois malsaine.

L'hypothèse de ce travail est la suivante : la souffrance qui conduit un sujet à l'alcool dérive de son rapport au sexe féminin, des questions insurmontables que celui-ci lui pose, en premier celle d'être père.

Précisons enfin ce qu'il faut entendre par cette fonction paternelle, découverte par Freud. La ternarité introduite par Lacan sous les catégories du Réel, du Symbolique et de l'Imaginaire permet d'en mieux saisir les articulations.

La fonction d'un père est en effet triple. A ses premiers pas, la psychanalyse mit l'accent sur la grande nouveauté, le barrage au désir incestueux qu'il instaure. Cette disjonction de la mère et de son produit fonde l'ordre symbolique, régulateur des alliances[1].

Puis Freud découvrit un second plan, non dépourvu de connexions avec le précédent, mais néanmoins isolable. Celui du narcissisme et de ses conséquences : la rivalité meurtrière au frère, soit la dimension lacanienne de l'Imaginaire. La parole du père doit ici encore retentir en écho au formidable commandement du Sinaï : *Tu ne tueras pas !*

A ces deux registres, aujourd'hui familiers, s'ajoute un troisième, peut-être le plus essentiel. Celui du Réel, défini comme impossible, et d'abord impossible à dire. La trace scripturaire en est consignée dans le célèbre dialogue de Moïse et du Buisson Ardent. A la question du Nom, Dieu répond : « Je serai qui je serai », signifiant ainsi qu'il y a de l'indicible, de l'impossible dont il assure la fonction.

La carence d'un père retentit forcément sur ces trois plans, toute la clinique l'atteste, tel aspect ou tel autre

---

1. C. Lévi-Strauss, *Structures élémentaires de la parenté, op. cit.*

pouvant prévaloir. La trilogie des psychoses : paranoïa, schizophrénie, manie, s'y rattache sans doute.

A toutes les problématiques du Tout, aux sentiments océaniques comme aux aspirations cosmiques, à tous les palais des mirages dont notre temps semble étrangement redevenir friand, le père est celui qui dit non. Comment le sujet devenu Père pourrait-il énoncer cette parole, sinon comme escroc, si lui-même ne parvient pas aux renoncements qu'elle implique ?

Procréer, a-t-on dit, c'est accepter sa mort, le caractère transitoire de l'existence. Mais aussi accepter l'intervalle, si court soit-il, de sa propre vie. Faire pacte avec la vie et accepter sa mort n'a rien, malgré l'apparence, de contradictoire.

L'alcoolique n'accepte ni l'une, ni l'autre, ni par conséquent leur disjonction. Cette mort qui le terrorise plus que de raison, il s'y précipite.

Le désir de l'Autre, de la femme, auquel il doit répondre en le médiatisant, est pour lui un gouffre vertigineux. Comme pour le psychotique ? Pas tout à fait.

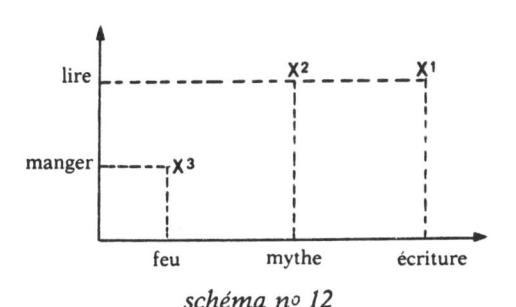

schéma n° 12

Dans l'espace clinique défini à la fin de la deuxième partie, la position X^1 *(livre × écriture)* représente le point idéal, que sans doute nul n'atteint jamais qu'asymptotiquement, celui de sujet désirant.

N'y parvenant pas, l'alcoolique « régresse », comme une armée en déroute, sur des positions plus faciles à tenir. Vers le point X^2, celui où se complaît le névrosé dans son mythe individuel? Il s'y efforce un temps, faisant même proliférer mythes et fabulations. Mais son point d'équilibre est en X^3 (*manger × feu*). Au lieu de manger ou lire le Livre, accès à la paternité, il ne peut incorporer que sa forme primitive, le feu, ce feu brûlant que lui apporte l'alcool [2].

Il peut arriver aussi qu'on se mêle de déloger l'alcoolique de cette place. Une femme par exemple. Il émet alors le vœu, combien fragile, de quitter son intoxication et d'advenir à la paternité dans sa relation à cette femme. Mais quelle voie de raccroc permet d'accéder à une position pour lui intenable? Précisément notre rustine, le Livre.

Si *enfant* a pour équivalent signifiant *livre*, écrire, faire un livre devient une acclimatation, une propédeutique à la paternité, une forme particulière de couvade. Un impérieux désir d'écrire – *prurit calami*, dit-on –, se déclenche chez certains sujets approchant ce moment crucial, particulièrement quand l'adolescence vire à l'âge adulte.

L'alcoolique, effectif mais aussi potentiel, est ainsi particulièrement désigné pour écrire, interposant ses créations dans le mince espace qui le sépare du gouffre.

Cette analyse repose sur la lecture d'un grand roman, *Au-dessous du volcan*, de Malcolm Lowry [3].

Lowry était alcoolique, il le confessait lui-même, et son grand œuvre retrace le drame d'un alcoolique, le Consul. Ainsi à son propos avons-nous le choix entre la psychobiographie et l'étude de son livre, voire de mêler les deux. L'avantage de se limiter au seul examen des

---

2. Il faudrait évoquer aussi le tabagisme si souvent associé. Cette analyse converge avec celle du Midrach sur le couple : homme + femme (*Ich* + *Icha*). Si on retire de ces noms les lettres du nom divin (le Père), il ne reste que *Ech*, « feu ».
3. La lecture de l'ouvrage, pour ceux qui ne l'ont déjà faite, ici s'impose.

textes paraît évident tant leur richesse l'emporte sur celle des éléments biographiques que l'on peut glaner.

Le *Volcan*, comme un drame classique, raconte *une* journée d'un personnage, le Consul, qui atteint les limites extrêmes de l'éthylisme : sa dernière journée. Dans ce bref intervalle de temps, les éléments de son existence prennent leur place définitive.

Tout destin véritable s'effectue dans la rencontre d'une femme, et le Consul, à ce titre, ne manque pas le sien. Il revient à cette partenaire de révéler le nœud du drame.

Son épouse, Yvonne, dont il est passionnément épris, le Consul ne peut ni la reconnaître en tant que telle, ni lui donner l'enfant qu'elle désire, ni à l'inverse s'en séparer. Tout paraît coincé dans cet entre-deux. La femme croit le briser dans un écart adultérin.

Il n'y a pas de rapport sexuel, martelait Lacan, à savoir qu'aucune conjonction, aucune sorte de plus petit commun dénominateur n'existent entre les deux sexes et le coït n'est qu'un leurre, dans sa jouissance même, qui masque cette disjonction radicale et tragique. Le couple du Consul et d'Yvonne vérifie cet impossible. Couple pathologique ? Sans doute, mais leur pathologie ne tient pas à l'impossibilité de leur rapport mais à leur inaptitude à supporter cet universel.

Lowry illustre les questions cruciales de son livre en les redoublant de références au monde minéral. Le récit se déroulant au Mexique, les silhouettes de deux volcans majestueux se découpent dans le paysage : le Popocatepetl et l'Ixtaccihuatl qui, dans la mythologie indienne, forment un couple d'époux irrémédiablement séparés par une faille et pourtant infiniment proches. Chacun aspire et pleure de ne pouvoir se conjoindre à l'autre.

Or cette symbolique, Lowry la puise à une source qui soutient selon ses propres dires toute sa construction littéraire : la Kabbale. Lacan ne disait-il pas lui-même qu'il fallait lire la Kabbale pour comprendre cette loi de l'absence de rapport sexuel ? Le thème princeps des textes ésotériques juifs est en effet cette problématique sexualité humaine, frappée d'un défect structural.

Pourquoi le Consul ne parvient-il pas à supporter ce sort commun ? Dans un bref passage, Lowry brosse le récit de l'enfance du héros – enfance, moment toujours exemplaire, moins par son déterminisme dans la pathologie que par la clarté des rapports d'un sujet à sa structure et à ses géniteurs qui s'y manifeste. Le rapport du Consul à son père fut précisément inconsistant. Malgré l'ellipse du texte, on perçoit tout le « poids » de cette inconsistance, différente de la carence du père du névrosé, proche plutôt de l'absence notée chez le dyslexique, structure affine de l'alcoolique.

Cette inconsistance paternelle ne provoque pas ses seuls ravages sur le plan des relations intersexuelles, mais aussi sur les deux autres précédemment décrits.

Si l'inconsistance du père rend aiguë la question de l'inceste, paralysant le héros dans son amour, elle déchaîne aussi celle de la rivalité fraternelle meurtrière.

Officier marin, le Consul aurait dans sa jeunesse et pendant la Première Guerre mondiale exécuté et jeté dans la chaudière de son bateau un groupe de prisonniers allemands.

Les deux plans de la relation à la femme et au frère, Yvonne les nouera. Le Consul a effectivement un frère, Hugh, qui s'éprend de sa belle-sœur. Lowry évitera d'en faire l'amant, rôle tenu par un personnage effacé du roman, Laruelle. Cependant Hugh occupe potentiellement cette place, l'auteur ayant dédoublé — mécanisme fondamental dans ce registre imaginaire — un même rôle.

La faute d'Yvonne prend une gravité exceptionnelle, elle bascule le Consul dans l'alcoolisme, dans cette régression orale où la bouche du sujet, dans une soiffaim sans limites, devient comme l'image en miroir de celle angoissante de l'Autre, prête à l'avaler.

Cet Autre, lieu du Symbolique où, pour le Consul, le père n'est pas venu fixer sa limite, Lowry lui a donné un corps, celui de la nature. Comme la figure des deux volcans représente l'archétype du couple, la bouche de l'Autre se matérialise par la présence constante d'un ravin vertigineux, un égout, la *barranca*, qui finira en fin de course bel et bien par avaler le corps du Consul pas tout à fait mort, comme elle avale simultanément un chien crevé, comme elle semble prête à tout avaler. Ce déchaînement de l'Imaginaire, producteur d'angoisse, le Consul ne le supporte que par l'alcool.

Reste le plan du Réel, celui de l'impossible à dire, dont le ratage produit le délire éthylique, le discours fou qui entraînera la mort du Consul, pris comme espion par un groupe de soldats et achevé dans la *barranca* où le nœud du destin se boucle.

Mais avant cette fin ignoble, le héros s'est débattu, a cherché une issue. Précisément celle du Livre.

Dans la longue lettre explicative à son éditeur qui sert de préface au roman, Lowry soutient que son texte plonge des racines profondes dans la Kabbale juive qui « représente l'aspiration spirituelle de l'homme » et que son plan s'inspire du Zohar, ce qui serait difficilement perçu sans cet aveu, même par un lecteur averti et attentif.

Cette subtile référence souligne en tout cas le mince espoir qui un temps troue le livre : si le Consul pouvait écrire un livre! Non pas un ouvrage quelconque, mais un livre absolu, le Livre en somme, qui serait la quintessence de la Kabbale.

Incontestablement, le héros perçoit le lieu de sa carence et veut, comme Joyce, la pallier en produisant lui-même la pièce manquante. Curieusement, Yvonne, l'épouse, cette femme si pratique, peu douée manifestement pour les spéculations ésotériques, appuie cette idée, elle en perçoit, dans son intuition de femme, la vérité.

Mais la tentative échoue, elle ne commence même pas, comme frappée d'une inhibition absolue. Le héros présente une sorte de trou hémorragique trop large pour être suturé et éviter la tragédie.

∴

Cette analyse du *Volcan* soulève, par sa rapidité déjà, bien des objections. Le roman, dira-t-on, renferme peu d'indices sur le lien entre l'alcool et le Livre, même si la fonction, l'espoir que le projet d'écrire représente pour le héros sont réels.

Le lien avec l'alcool est évidemment notre interprétation, légitime au demeurant. A charge d'un bout de preuve.

Fournir celle-ci en « amont » du processus, le défaut d'incorporation du Livre, est quasi impossible. Mais en « aval » – c'est-à-dire montrer que le Consul aurait pu guérir s'il avait effectivement écrit son livre des livres – une telle tentative ne serait-elle pas aussi désespérée ?

Elle le serait si un autre grand poète ne nous fournissait pas, dans une de ses meilleures pièces, cette preuve en même temps que la contre-épreuve : Ibsen, qui dans son drame *Hedda Gabler* complète la question soulevée par le *Volcan*.

Ibsen devrait certainement occuper une place de choix dans les lectures de tout analyste. Ainsi le pensait Freud, son contemporain, qui le mettait presque au rang de Sophocle et de Shakespeare. Il a lui-même écrit des commentaires pénétrants du *Canard sauvage* et de *Rosmersholm*, en soulignant la rigueur et la finesse psychologiques extrêmes du poète.

Le Livre et la clinique

On a tort, trop souvent, de ne voir en Ibsen qu'un critique des mœurs sociales et de la pudibonderie du temps. Sa véritable portée tient à l'acuité de son regard sur l'inconscient.

Hedda Gabler met en jeu à peu près tous les points nodaux qui nous retiennent : l'alcool, l'enfantement, le livre. La structure en est relativement simple, celle d'un quadrille de deux hommes et deux femmes, toujours en miroir.

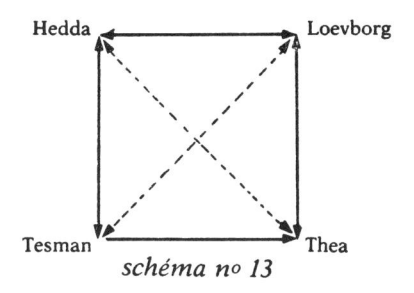

schéma no 13

A ces quatre personnages s'adjoignent quelques autres, secondaires par leur présence sur scène mais dont la fonction est importante, celle de figures parentales perverties et dédoublées : un juge séducteur, un père général mort, une prostituée, une tante envahissante.

Ce petit monde, comme au manège, tourne en rond, autour inévitablement d'un pivot : la question phallique, question si conflictuelle pour Hedda, l'héroïne, qu'à ce phallus se substitue un objet mortel, dont le rôle dans la pièce est essentiel : le revolver du père.

Loevborg, donc, principal personnage masculin, intellectuel brillant, est alcoolique. Cet alcoolisme fut déclenché par la relation amoureuse chaste et pourtant trouble qu'il entretint dans le passé avec Hedda. Le jour où il chercha à pousser ses avantages, elle tira sur lui un coup du fameux revolver – qui le rata. Il va dès lors déchoir dans l'alcool et quitter sa ville.

Hedda épouse un universitaire stupide, Tesman, adonné à une érudition dérisoire. Il doit bientôt publier un livre.

La pièce s'ouvre ainsi : Hedda et Tesman rentrent d'un long voyage de noces. D'emblée, sous une apparente banalité, les questions fondamentales sont posées, que nous pourrions ainsi résumer : qu'est-ce qu'un père ? qu'est-ce qu'une femme et son désir ?

Tesman manifeste une totale surdité à ces questions. La dérision du livre qu'il prépare fait pendant à celle de sa paternité. Ainsi, quand sa tante Julie interroge à propos du domicile qu'elle leur a trouvé :

> « — Comment trouves-tu la maison ?
>
> « — Un vrai palais. *Il n'y a qu'une chose que je ne comprends pas* : ce que nous ferons des deux pièces vides qui se trouvent entre la pièce du fond et notre chambre.
>
> « — Vous trouverez bien à les employer, reprend la tante avec un rire entendu, ... avec le temps.
>
> « — Oui, naturellement, avec le temps j'aurai de plus en plus de livres... »

La niaiserie de Tesman est d'autant plus troublante que son épouse, nous l'apprendrons bientôt, est déjà enceinte.

L'équivoque et l'équivalence *livre ∾ enfant* sont là d'emblée.

Le drame se noue avec le retour de Loevborg, accompagné d'une flatteuse rumeur : il a précisément écrit un livre que tout le monde s'arrache. En outre, *Loevborg est guéri de son alcoolisme.* (N'est-ce pas une preuve que l'espoir du Consul avait bien sa vérité psychologique ?)

Mais Ibsen nous fournit bien plus que cet élément parcellaire. Il interroge le processus jusqu'à sa racine. Quel miracle a bien pu provoquer cette métamorphose? Ce ne peut être qu'une femme, bien nommée : *Thea*. Dieu intervient toujours dans la vie des hommes par ce biais du féminin, fut une des dernières paroles de Jacques Lacan.

Thea entre en scène avant Loevborg, elle ignore tout de ses relations passées avec Hedda. Entre les deux rivales de toujours — elles se connurent dans l'enfance — s'engage un dialogue apparemment anodin où pourtant Hedda commet un fabuleux lapsus :

« — Et moi je vais te tutoyer et t'appeler *Thora*, ma chère *Thora*.
« — Mais mon prénom est Thea!
« — Naturellement, Thea. »

Quelle étrange intention — et quel art! — fit placer ici par Ibsen cette Thora, le Livre même?

Hedda veut percer le secret du sevrage de Loevborg :

« — Dis-moi, Thea, comment est née cette... amitié?
« — Peu à peu... C'était comme si j'exerçais sur lui une sorte... oui, une sorte de pouvoir...
« — Voilà, et tu en as fait un homme nouveau, toi, petite Thea! »
[Thea, qui livre la clé du mécanisme :]
« — Il me parlait longuement des livres... Quand il avait terminé un chapitre [du livre en gestation], il me le dictait. »

Écrire un livre pour une femme aimée, dans cette relation à Dieu que rappelle Thea, a guéri par une étrange couvade l'alcoolique, en lui permettant d'être père, d'une manière encore imaginaire, encore fragile.

L'entrée en scène de Loevborg confirme cette fragilité, cette indignité paternelle latente.

Tous les personnages sont réunis et la discussion porte sur le livre à succès de Loevborg. Aux compliments qu'il reçoit, il répond par du mépris à l'égard de son « rejeton ». Il le jette à terre, le renie. Ce livre n'a aucune importance pour lui, il n'est que l'esquisse du véritable ouvrage, du livre des livres, dont il montre le manuscrit. L'écriture est celle de Thea à qui il l'a dicté.

« Mon vrai livre, déclare-t-il, est écrit par la main d'une femme. *J'ai mis la semence, elle l'a fabriqué.* »

L'équivalence *livre ∾ enfant* rebondit, se précise.

Jalouse, Hedda décide intérieurement de détruire ce bel édifice, elle ne croit pas à la récente sobriété de Loevborg, elle le provoque. En bonne hystérique, elle monte une cabale.

On peut s'interroger sur ses raisons. Certaines expressions laissent deviner son fantasme fondamental : elle est une prêtresse de ces cruelles religions maternelles antiques, de Bacchus, elle rêve de bacchanale dont le sacrifié serait Loevborg.

> « — Comment la soirée a-t-elle fini ? demande-t-elle.
> « — Je crois qu'on pourrait dire... par une bacchanale.
> « — Est-ce que Loevborg portait une couronne de pampre ? »

Elle est aussi, opposée à Eve-Thea, Lilith, épouse de Lucifer, l'avorteuse, l'infanticide.

Elle somme Loevborg de se rendre à une beuverie où, « couvert de pampre », il déclamera son texte.

L'espace psychique semble clivé en deux régions entre lesquelles le héros oscille, celle du Livre et du père, celle de l'alcool et de la mère, chacune soutenue par une prêtresse.

Loevborg est désormais dans l'espace II, où le Livre n'a pas de place.

Effectivement cet ouvrage, « extraordinaire, une des œuvres les plus remarquables qu'on ait jamais écrites », affirme Tesman, il l'égare. Le premier livre, Loevborg le renia, le second, il l'a laissé tomber. Tesman l'a ramassé et remis à Hedda qui le cache.

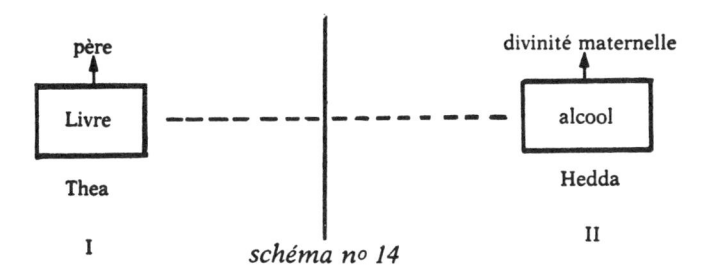

```
père                           divinité maternelle
 ↑                                      ↑
┌──────┐                            ┌──────┐
│Livre │ ─ ─ ─ ─ ─ │ ─ ─ ─ ─ ─ ─   │alcool│
└──────┘                            └──────┘

 Thea                                Hedda

  I            schéma n° 14            II
```

Le désespoir frappe Thea en premier, qui explicite alors la trame symbolique de l'action :

« — Ce livre que tu as rejeté, noyé... toute ma vie était dedans. Pour moi c'était... un enfant...
« — Tu as raison [reconnaît Loevborg], c'est comme si j'avais tué un enfant. »

Hedda s'élève contre ces « élucubrations » : « Assez parlé d'enfant, il s'agit d'un livre ! » Mais, peu après, seule, elle reprend l'équivalence à son compte ; *elle brûle le manuscrit*, quasi hallucinée : « Je brûle ton enfant, Thea, l'enfant qu'Ejlert t'avait donné, je le brûle ! Je brûle ton enfant. »
Auparavant, elle pousse Loevborg au suicide en lui remettant un des deux revolvers paternels. Elle lui recommande de se viser au cœur. Mais Loevborg se tue d'une balle au bas-ventre, dans une castration réelle, lui pour qui celle symbolique n'avait pas été clairement inscrite.
Pourtant la cabale d'Hedda avorte : Thea avait conservé un brouillon. Grâce à Tesman, l'époux d'Hedda, le livre pourra être reconstitué. Quant à elle, enceinte, elle est désormais dans les griffes du juge-séducteur. Elle se tue à son tour.

Ainsi Ibsen, grâce à ce personnage d'Hedda, nous fournit-il dans un aller retour remarquable d'une part une guérison d'éthylisme par le Livre, guérison fragile, réparation prothétique réversible, d'autre part la rechute quand le livre disparaît.

Une cicatrisation mieux assurée du mal nécessiterait sans doute une démarche complémentaire, en amont, où le sujet réglerait autant qu'il se peut la question de sa propre filiation.

CONCLUSION

Le retour à Freud, l'intérêt pour son œuvre impliquent-ils un certain retour au judaïsme, à ses grandes œuvres ? Et pourquoi cette hypothèse devrait-elle jeter le trouble, provoquer le silence gêné des clercs plutôt que le jugement sur pièces ?

Nous reprochera-t-on de vouloir rejudaïser la psychanalyse ? Le risque en est mince pour des raisons de structure. Le judaïsme a manifesté dans l'histoire humaine, à l'opposé de tout autre système culturel, une propension *centrifuge* unique, inspirant sans relâche et avec discrétion, créant par détachement de ses branches de nouvelles doctrines, des religions filles, des inventions. Quel espace de culture qui n'a tiré profit de cette centrifugation incessante, de ce démembrement d'un corps qui à chaque étape paraît s'épuiser dans sa nouvelle créature et pourtant, apparemment exsangue, repart vers de nouvelles trouvailles ?

Et de quel retour peut-il s'agir pour nous, sujets ayant renoncé au postulat de la Révélation ?

Ce renoncement ne supprime pas l'immense trésor qui, pour un psychanalyste en tout cas, gît dans les folios jaunis de ces grands textes : la logique du signifiant y est poussée à sa perfection, la relation du sujet à l'objet, posé comme fondamentalement perdu, explorée avec une pertinence profonde, les conditions et apories de toute pensée pratique, de toute éthique, magistralement définies.

Nous nous sommes contenté en ce livre d'interroger une seule question, particulièrement agaçante : les rites alimentaires.

Une clé de lecture est apparue comme universelle, pouvant ailleurs s'appliquer à d'autres rites, ceux qui règlent l'espace et le temps : tout rite vise à créer du discontinu à partir d'un continuum, à appliquer la grille du symbolique, du langage, sur l'Imaginaire des hommes et le Réel des choses.

L'examen des rites alimentaires conduit à la mise en évidence d'une activité inconsciente et fondamentale : l'être humain mange des mots, matérialisés en écriture, organisés en Livre.

En mangeant le Livre, où se déposa le bruissement des désirs des générations précédentes qui nous déterminent symboliquement, le sujet s'identifie au groupe qui l'a vu naître, groupe fondamentalement structuré par la religion. En même temps s'opère en lui l'avènement énigmatique de la procréation : l'être-père masculin, le désir féminin.

Ainsi tout homme, à moins d'être totalement fou, s'identifie nécessairement à un groupe qui lui fournit, avec sa langue, les catégories pour penser et édifier le cadre de son fantasme. Fait trivial et étrange qui conditionne les autres : les individus se rassemblent en communautés, partagent le sentiment de posséder on ne sait quel éther commun. Par temps normal, la chose est si naturelle que ce rapport fondamental passe inaperçu. Mais que se lève l'orage, le lien devient impérieux, paraît justifier la mise en péril de sa vie.

Pourquoi fallait-il attendre notre siècle, et nommément Freud, pour que cette question du groupe et du jeu des identifications qui le structure soit posée ?

Il faut admettre qu'il n'y a question que de ce qui cloche et fait symptôme. Et sans nul doute le rapport de l'individu au groupe est devenu le plus problématique qui soit. Brassage des peuples, mondialisation de l'économie et des cultures ont profondément ébranlé,

Conclusion

destructuré même les systèmes humains, déchirant jusqu'à sa trame le tissu social. Notre temps, le seul dont nous disposons et devons vivre, s'imprègne du même coup de relents irrespirables.

Par sa réflexion sur le narcissisme et le groupe, la psychanalyse, au-delà de sa pratique marquée d'intimité, entretint dès ses premiers pas un dialogue avec l'ensemble de la culture et de la cité.

La cause de ces bouleversements ? Au-delà des péripéties et des conflits idéologiques éternels, leur brusque radicalisation se rattache à l'irruption dans l'histoire des hommes du discours de la science, à son hégémonie toujours plus assurée sur l'économie, qui fait voler en éclats les structures culturelles les mieux établies.

Nous ne faisons ici que reprendre une thèse fondamentale de Lacan : nous sommes sujets de la science et il en résulte un malaise d'un style nouveau et extrême, dont la psychanalyse s'emploie à éponger les méfaits.

Curieuse trajectoire! Né sous le signe des Lumières, le discours scientifique contredit par ses effets les espoirs des pionniers. Au credo d'universalité qu'il affiche, s'opposent des phénomènes de concentration et de ségrégation humaine inouïs, liés au mode de production et qui font le lit du totalitarisme. Par quelle étrange malédiction ? Celle de l'acte qui l'institue.

Le produit de l'opération scientifique sur tout homme, et d'abord sur les savants, est une *désubjectivation* : la science renvoie chacun, dans l'angoisse dépressive, à sa vérité dernière, celle d'un petit tas de chair, déchet parmi d'autres.

Devant une telle menace d'annulation, la subjectivité se révolte, convulsivement, révolte subjective séduisante d'aspect et pourtant dans son aveuglement porteuse de barbarie. Révolte qui se fige souvent à son point de naissance, à l'individu, décidé à manifester son existence, en faire marque, par exemple en choisissant la déviance. Mais la logique du conflit pousse au-delà.

Le groupe, malgré les entraves qu'il impose, apparaît vite comme le meilleur bouclier à la subjectivité de ses membres. Le voici recréé, exalté sur ses propres cendres.

Le foisonnement des mouvements, des sectes aux idéologies bariolées, des chapelles, s'inscrit dans cette ligne, porteur de l'étrange fascination suicidaire qu'entraîne toute exaltation narcissique. Cette quête échevelée d'« identités » défaillantes a clairement souligné, avec l'évidence des caricatures, la fonction du Livre dans la structuration des groupes. Pas un qui n'ait son manifeste, son livre canonique : qu'on se souvienne de ces masses considérables brandissant un petit livre, rouge ici, vert ailleurs ! La conquête du pouvoir, sa gestion, ses crises rencontrent toujours l'instance stratégique du Livre.

Mais la révolte subjective s'engage désormais dans un troisième temps. A ces exercices de contrôle des groupes et du Livre, nul n'a meilleur savoir-faire que les vieilles religions. Hier supposées essoufflées, une vigueur nouvelle paraît soudain enfler leurs voiles. Peu à peu mais de plus en plus vite les religions reprennent en main — et en main ferme ! — la chose sérieuse que les pouvoirs laïcs ont conduite à l'impasse : la jouissance.

Ce retour inattendu, où la barbarie sait trouver son compte, signifie que les grands clergés savent mieux que personne canaliser les torrents de subjectivité blessée.

La religion n'est pas affaire de conjoncture ou de mode. Elle émerge à la racine du fait humain, depuis qu'il y a des êtres qui parlent, et ne disparaîtra sans doute qu'avec le dernier, elle est l'os de l'inconscient, le compromis qui maintient l'attachement à la mère en obtempérant à la Loi, le frein au meurtre fratricide, la braise qui couve sous la cendre. Vienne le vent des épreuves, la voici flamme brûlante.

A l'homogénéisation forcenée qu'impose la science

Conclusion

s'oppose ainsi la révolte subjective, avec son retour des groupes et des religions. Sur quel terrain? Le seul qui compte en ces questions, le politique où chacun se mesure à l'autre à la recherche du compromis le plus favorable pour aborder un nouveau millénaire. Le Livre y aura-t-il encore sa fonction?

Devant le déploiement de telles forces, la place du psychanalyste paraît bien dérisoire, précaire, mais aussi précieuse, unique. A son frère humain, malade congénitalement de son humanité, l'homme de l'art freudien propose son recours aux méfaits d'un temps où se révèle au grand jour la pierre angulaire de l'édifice : la folie.

ANNEXE

LA TRANSFÉRANCE SIGNIFIANTE [1]

Les études freudiennes, quelle que soit leur diversité, procèdent généralement de la même démarche. Appelons-la dans un premier repérage : conceptuelle. On privilégie un terme, « pulsion » par exemple, puis on l'interroge : à propos de ses sources, ses significations, son évolution dans la pensée de Freud et chez ses élèves. On pourrait donc aussi appeler cette méthode « synchronique », « verticale », ou encore « thématique ».

Freud emprunta lui-même cette voie privilégiée lorsqu'il entreprit le projet de sa *Métapsychologie*, projet qu'il abandonna cependant. Lacan semble aussi la préférer dans son *Séminaire XI : les Quatre Concepts fondamentaux de la psychanalyse.* L'approche conceptuelle apparaît ainsi comme la plus sérieuse, voire comme l'idéal recherché.

Il ne viendrait à l'esprit de personne de nier le caractère nécessaire de la méthode qui répond à l'élémentaire souhait de comprendre. La diffusion de la pensée freudienne — il n'en va pas de même pour celle de Lacan — s'opère d'ailleurs essentiellement sur ce canal thématique. Notre propos ne peut donc vouloir récuser l'approche conceptuelle, mais seulement rappeler les

---

[1]. L'argument de ce texte a été présenté dans une conférence à l'Université de Bruxelles – Institut Martin-Buber, en novembre 1981.

dangers, en tout cas les limites, de la méthode, montrer aussi — en acte — qu'elle n'est pas unique, et du même coup interroger l'instrument lui-même.

La méthode conceptuelle comporte effectivement des dangers, ceux résultant du privilège accordé à la signification, à l'imagination, voire à l'« idolification » des concepts. Elle tend peu ou prou à résorber l'hétérogénéité du texte freudien, à ramener la singularité du discours analytique aux universels préexistants, essentiellement philosophiques. Elle présente surtout des limites : l'expérience ramène vite la percée que l'on croit acquise au sentiment décourageant que l'objet apparemment saisi dans le concept s'est dérobé. La compréhension devient rapidement le propre obstacle à son progrès.

Mais la vogue de cette méthode ne s'étend-elle pas bien au-delà du champ analytique jusqu'à donner son style à la conjoncture culturelle que nous traversons ? Avançons l'hypothèse que le débat actuel des idées, débat thématique (la religion, le racisme...), semble comme préoccupé par la volonté aiguë de déplier les métaphores, toutes les métaphores, idéal présenté comme désacralisation. A ce jeu, et son insu, la pensée se trouve de plus en plus engagée, fascinée, voire agglutinée aux métaphores que l'on s'illusionne d'aplatir.

Si cette hypothèse est vraie, la conjoncture culturelle actuelle pourrait se repérer par l'accent qu'elle porte, d'être pensée métaphorique. Son impasse provient de ce prurit inguérissable de « métaphoriser la métaphore » dans le vain espoir d'atteindre enfin un métalangage qui nous libérerait du langage lui-même.

Bien entendu, il s'agit là de positions extrêmes dans lesquelles toute approche conceptuelle ne tombe pas forcément mais il paraît nécessaire de les repérer à la racine d'une démarche qui paraît « naturelle ».

Ces limites et dangers, Freud les perçut, comme en témoigne le projet avorté et jamais repris de *Métapsychologie*, réduit à trois articles, fort éloignés d'ailleurs

Annexe

de ce que l'on pourrait désigner comme « approche conceptuelle ». Seul peut-être Lacan, dont l'œuvre ne s'encombre pas plus qu'il ne faut du souci de déployer les définitions, paraît avoir entendu l'avertissement tacite. Il chercha plutôt à frayer une autre voie de lecture de Freud, où le symbolique aurait la prévalence, où la signifiance prédomine sur la signification, enfin où la topologie et les mathèmes constitueraient des butées à la dérive des compréhensions.

Au moins une seconde voie méthodologique existe donc à côté de celle qui prévaut : celle des mathèmes. Nul n'ignore que les mathèmes restent projet, projet problématique puisque les voies de son développement restent à dégager : nous sera-t-il possible d'aller au-delà des notations algébriques de Lacan ou celles-ci n'appartiennent-elles qu'à son propre style d'enseignement? Comment réussir l'alliance stratégique de la théorie psychanalytique et de la logique?

Je propose un détour, une autre voie de lecture des écrits de Freud, d'allure simple, simpliste même : plutôt qu'une étude synchronique verticale des concepts, une approche « horizontale », *une lecture chronologique systématique* – qui n'omettrait aucun texte même mineur –, approche qui viserait moins à creuser la trouvaille qu'à interroger le cheminement, le progrès de la pensée lui-même, les connexions, les associations involontaires que réalisent d'eux-mêmes les différents textes. La méthode prendrait son style de la règle d'or de l'association libre. Plutôt que de visiter les pays abordés, on s'intéresserait au voyage lui-même, aux voies par lesquelles Freud a pu passer pour dire ce qu'il a dit. Soit : comment Freud questionnait-il? Pratiquement il s'agit de lire la *Standard Edition* – puisque son équivalent n'existe pas encore en allemand, sans même évoquer le français. La méthode qui paraît lourde est immédiatement féconde et fournit d'emblée quelques résultats précieux. Elle permet de rappeler d'abord que les différents concepts freudiens sont difficilement isolables les uns des autres, qu'ils forment chaîne, borroméenne sans doute. Elle dresse une cartographie claire de l'œuvre freudienne avec quelques hauts sommets — dans l'ordre chronologique : le symptôme névrotique ; l'amnésie infantile ; les mécanismes signifiants du rêve, du lapsus et du mot d'esprit ; la théorie des pulsions, etc. Mais cartographie qui révèle aussi des ombres : quelles sont les passerelles qui ont conduit Freud d'un massif à l'autre ? On conçoit facilement aujourd'hui comment a surgi le premier maillon de la chaîne, la découverte de l'inconscient à partir du symptôme hystérique. Mais on ne voit pas immédiatement ou d'une manière très approximative ce qui mène d'*Anna O.* à *l'Interprétation des rêves*, puis à *la Sexualité infantile* ou à *Totem et Tabou*. Freud ne trouva pas ainsi les ortolans tout cuits sur son divan. L'examen attentif et global de son œuvre montre ainsi des hiatus, des failles profondes, dont le mode de franchissement pose question.

Y répondre ne parait pas inaccessible car une lecture serrée révèle l'habitude de Freud de marquer ces passages de petits textes, mais d'une grande portée. Traitons un exemple concret parmi les plus importants. Dans les *Études sur l'hystérie*, le symptôme se résout grâce à la mise au jour de souvenirs refoulés certes, mais souvenirs qui sont contemporains de la formation du symptôme. Pas question alors de déterminations par l'enfance et encore moins d'amnésie infantile. Le mécanisme producteur du symptôme est l'amnésie hystérique.

Quelques années plus tard, Freud abordera la question de l'enfance, de l'amnésie qui la recouvre et en soulignera l'importance. Mais, insistons, le passage de l'amnésie hystérique à l'amnésie infantile ne va pas de soi. Il y a là un *gap*.

Cette faille, Freud l'a franchie en 1899 dans un article célèbre et fondamental *sur les souvenirs-écrans*. Comment opérera-t-il ? En établissant un parallèle point par

Annexe

point entre le symptôme hystérique et la vie infantile.

Que les événements survenus dans la toute première enfance d'un sujet soient très importants pour son devenir, cette idée n'était pas, même au XIXe siècle, d'une bouleversante nouveauté : les éducateurs l'avaient toujours su et Freud commence par rappeler ce principe, pour y adjoindre immédiatement une remarque essentielle. Si ces événements ont une telle portée, comment expliquer qu'ils soient généralement oubliés et que la mémoire ne se structure qu'à partir de six ou huit ans ? Le pas freudien est là, dans la mise en évidence de ce paradoxe... le même que celui découvert chez les hystériques.

Mais le pas suivant est bien plus troublant : Freud émet l'hypothèse, vite transformée en thèse, que le savoir révélé dans l'analyse du symptôme hystérique peut être transposé, à peu près tel quel, à la psychologie de l'enfant, apparemment pour la seule raison que dans les deux cas on rencontre le même terme *amnésie*, à propos d'événements importants.

Comment appeler ce saut méthodologique ? Sans doute évoque-t-il immédiatement *l'analogie*, à ceci près que nous sommes devant un usage particulier de l'analogie, bien audacieux, allant jusqu'à fonder un pan essentiel de la théorie. Nous savons la sorte de mépris épistémologique qu'une longue tradition philosophique porte à l'usage de l'analogie, surtout poussée à cette extrémité. Le terme même convient-il pour désigner cette opération fondatrice et notre langue ne souffre-t-elle pas ici d'une lacune signifiante ?

La poursuite de notre lecture « horizontale » révèle une autre surprise de taille : dès l'instant où le mécanisme analogique est repéré, nous le rencontrons massif, essentiel, à tous les moments féconds de l'œuvre.

En deux occasions au moins, la démarche est franchement avouée. D'une part dans *Actions obsédantes et pratiques religieuses* où Freud, à partir du même mot *rituel*, tente la transposition du savoir acquis sur la névrose obsessionnelle au domaine religieux. D'autre part, prolongeant cette intuition, dans *Totem et Tabou* où Freud appariait psychanalyse et anthropologie dans un éclairage mutuel, ceci pour la raison donnée dans les premières lignes de l'ouvrage : la source des névroses se trouve dans l'*enfance*, les peuples primitifs peuvent être considérés comme l'*enfance* de l'humanité. A nouveau, que ce soit dans des champs différents comme psychanalyse et anthropologie, ou dans le seul champ de la psychanalyse mais à propos de questions a priori bien distinctes, l'existence d'un même mot pousse irrésistiblement Freud à répéter son étrange opération analogique, soutenue mais aussi masquée par l'observation clinique. A mesure que la perspicacité du lecteur s'aiguise, il découvre progressivement qu'elle se retrouve, plus subtile, à chaque pas, omniprésente dans l'œuvre et se révèle enfin comme un des fondements, une des intuitions fondamentales freudiennes.

Établissons-en un bref inventaire. Les premiers travaux sont sans doute les plus instructifs. Point de départ assuré : le déchiffrage du symptôme hystérique qui révèle généralement « un stupide jeu de mots ». Dès lors, Freud peut entreprendre avec assurance l'interprétation des rêves. N'est-ce pas analogue au symptôme, un rébus, un jeu de mots qui utilise comme matériaux privilégiés ceux tombés sous le coup de l'amnésie ? Par analogie toujours, les lapsus révèlent leur énigme, puis le mot d'esprit. Freud opère ainsi une série de sensationnelles glissades analogiques (vérifiées par sa clinique), s'appuyant à chaque fois sur de minces ressemblances, un simple mot le plus souvent. La fécondité de l'opération est époustouflante.

Plus tard, la question religieuse sera abordée sur le même mode. L'analogie avec la biologie des monocellulaires aidera à énoncer l'*Au-delà du principe de plaisir*, enfin le parallèle entre *Pyschologie des groupes et Analyse du moi*.

Mais voici, enfin, l'utilisation principale de cette

Annexe

méthode singulière : *l'Ubertragung*, le transfert. Freud nous communique cette découverte essentielle, acte de naissance de la psychanalyse, dans les dernières pages des *Études sur l'hystérie*. Les sentiments, les actes, les paroles que le patient effectue dans sa cure sont l'analogue d'autres, antérieurs, oubliés, liés à cette phase primitive d'attachement exclusif au nucléus géniteur. A nouveau donc, un ensemble de faits totalement disjoints : un comportement actuel à l'égard d'une personne étrangère, l'analyste, et celui que le patient eut dans des circonstances radicalement différentes, éloignées par le temps et l'espace. Il ne faut pas manquer d'aplomb pour proposer de déduire des signifiants de l'un à partir de l'autre, aplomb dont Freud ne nous donne pas — le pouvait-il ? — la raison. Il s'en excusera plus tard : « On ne peut éviter d'appliquer au matériel certaines idées abstraites que l'on puise ici ou là et certainement pas dans la seule expérience actuelle [2]. »

La plus belle illustration du procédé se trouve probablement dans l'article *le Thème des trois coffrets* [3]. Freud utilise deux pièces de Shakespeare, une comédie, *le Marchand de Venise*, et une tragédie, *le Roi Lear*. Dans l'une se trouve l'épisode des *trois* coffrets, dans l'autre celui des *trois* filles du roi Lear. L'occurrence du terme *trois* suffit à Freud pour identifier leurs significations.

La méthode « analogique » paraît occuper ainsi tout le champ freudien, une situation unique dans la pensée occidentale, un des ressorts sans doute de l'hétérogénéité de la psychanalyse dans le concert culturel. Si cette discipline y a mauvaise presse — malgré sa notoriété — l'usage systématisé d'une méthodologie décriée, rejetée, vomie par tout notre savoir-vivre philosophique y joue peut-être un rôle important. Fait étrange pourtant, aucun épistémologue ne paraît avoir relevé cette

---

2. S. Freud, *Pulsion et Destin de pulsion* (1915), in S. E., vol. XIV.
3. S. Freud, *le Thème des trois coffrets* (1913), in S. E., vol. XII.

place de l'analogie dans la pensée freudienne, aucun critique ne s'est emparé de l'argument pour en faire objection de principe, ni a relevé l'énormité du phénomène, cécité universelle qui, à l'évidence, a tous les caractères du symptôme.

Cette cécité, Freud ne la partageait pas, il savait la fonction que jouait dans sa démarche cette analogie et en soulevait, lui, l'objection.

> « Il y a cependant une réserve à formuler au sujet de cette tentative. L'analogie entre le tabou et la névrose obsessionnelle peut être purement extérieure, ne porter que sur les manifestations symptomatiques, sans s'étendre à leur nature même. La nature aime à se servir des mêmes formes pour réaliser les combinaisons chimiques les plus variées, qu'il s'agisse de bancs de coraux ou de plantes, voire de certains cristaux ou de précipités chimiques. Ce serait évidemment agir d'une façon hâtive et peu efficace que de conclure de l'analogie des conditions mécaniques à une affinité de nature. Tout en tenant compte de cette réserve nous ne devons cependant pas renoncer à la comparaison que nous venons de suggérer[4]. »

Freud n'ignorait pas l'objection, mais avec la même belle assurance, ici comme à chaque fois qu'il utilisa cette analogie, il décida de passer outre, sans hésitation et... sans justification.

Avant de poursuivre, il devient nécessaire de régler un point de vocabulaire. Le terme « analogie » ne paraît pas, à l'évidence, rendre compte de l'opération en jeu. Il ne s'agit pas d'une simple mise en parallèle suggestive, mais du transport actif d'un champ dans un autre. Notre vocabulaire ne semblant pas posséder de terme adéquat à cette figure de la logique du signifiant, je propose de forger un terme, celui de *transférance signi-*

---

4. S. Freud, *Totem et Tabou*, in *S. E.*, vol. XIII.

fiante, qui prend en compte le mécanisme analytique principal.

Qu'est-ce qui justifiait Freud à cette opération si contraire à nos usages démonstratifs ? Sans doute le ferme appui de sa clinique. Mais n'a-t-il pas lui-même sans cesse répété que la clinique ne prend consistance que du questionnement qui lui est fait et qui ne provient « certainement pas de la seule expérience actuelle » ?

La justification principale serait celle-ci : Freud a toujours cantonné l'usage de la transférance signifiante, malgré l'éloignement initial des domaines rapprochés, à un seul champ, celui des faits humains, des faits-effets de la structure du langage. De rares dépassements de ce champ comme la comparaison incidente au biologique dans l'*Au-delà du principe de plaisir* restent accessoires. Freud n'a jamais transposé, comme il l'évoque, des données du monde minéral à la réalité psychique. Le recours à l'analogie dans l'étude des faits humains devient soutenable s'ils sont effets d'une seule structure ; et, lorsque ces effets sont identiques (amnésie, rituel, etc.), pourquoi ne pas inférer, le temps d'une hypothèse, qu'ils sont produits par les mêmes éléments de cette structure, à déchiffrer par la voie la plus praticable ? S'agit-il même, dès lors, d'analogie ?

Autre question : d'où venait à Freud cette pente, voire cette passion, d'où lui venait aussi son incomparable virtuosité dans le maniement de la transférance signifiante ?

Avançons sans ambages : de l'ombilic de sa pensée, celui qui le relie à sa culture de naissance, le judaïsme — dans ce que celui-ci a de plus méconnu. La transférance signifiante, isolée ici avec quelque peine, y existe effectivement comme une des opérations fondamentales et des plus courantes du *Midrach*, la *gezera chava* (« mêmes règles »). Soit deux versets bibliques V1 et V2, situés en n'importe quel point du texte, par exemple le premier dans la Genèse, le second dans Isaïe. Ces deux versets contiennent le *même mot* et nous possédons un certain savoir sur ce mot dans V1. La *gezera chava* permet de transférer ce savoir de V1 à V2, sans aucun souci du contexte ou de la vraisemblance. Seules comptent les connexions d'écriture observées. Nous retrouvons l'opération de Freud à propos d'« amnésie », « rituel », « enfance »... Opération inouïe ! mais si illustrative de l'étonnante démarche du *Midrach* antique. Elle effraya d'ailleurs très vite les autorités rabbiniques du haut Moyen Age elles-mêmes, qui décrétèrent désormais interdite tout nouvelle *gezera chava* non considérée dans le Talmud. Freud a donc levé à son insu un interdit séculaire sur cette figure logique et il en a, en même temps, considérablement élargi l'application.

Nous pouvons aller au-delà, vérifiant combien la mise en parallèle du judaïsme et de la psychanalyse se révèle — réciproquement — éclairante. Certaines arêtes essentielles et laissées dans l'ombre du judaïsme prennent un étonnant relief grâce à l'acquis freudo-lacanien, à l'inverse une pratique du *Midrach* facilite la compréhension des mécanismes signifiants en jeu dans l'analyse.

Les spécialistes du *Midrach* considèrent en effet la *gezera chava* comme généralisation d'une autre opération interprétative, la plus fondamentale, la *semoukha* : deux versets juxtaposés, quelle que soit l'hétérogénéité de leur signification apparente, possèdent, au-delà de celle-ci, un lien logique et peuvent être lus comme un seul énoncé. Exemple : « Myriam mourut. Le puits fut asséché. » La *semoukha* nous amène à déduire que l'approvisionnement du puits en eau provenait du mérite de Myriam. Elle privilégie donc les contiguïtés, les connexions du texte et donne ainsi son style au Talmud.

Rappelons que cette règle fut considérée par certains rabbis comme le principe fondamental du judaïsme, voire — aussi paradoxal et oublié qu'il paraisse — critérium du juif que celui-ci emporte à la semelle de ses chaussures. Inutile de rabâcher que Freud reprit ce

Annexe

principe tel que dans la *Traumdeutung*, devenu depuis un des meilleurs repères pour le travail quotidien de l'analyste.

La *gezera chava* généralise donc la *semoukha*, cette dernière exigeant la contiguïté littérale, par création artificielle de contiguïté, dès lors que deux énoncés possèdent le même mot. « On tire » – expression talmudique ici employée –, on extrait les versets de la gangue du contexte pour les juxtaposer et opérer la transférance.

Revenons à Freud et constatons que le principe d'interprétation selon lequel « deux énoncés contigus *a* et *b* doivent se lire *ab* » la *semoukha* donc, ne fait lui-même que prolonger, utiliser l'un des deux mécanismes fondamentaux du processus primaire de l'inconscient, la *Verschiebung* ou déplacement [5].

Le déplacement, nous le savons, joue dans notre psychisme un rôle décisif. « C'est le moyen de l'inconscient le plus propre à déjouer la censure [6]. »

Si nous admettons cette thèse fondamentale que l'inconscient est la trace, l'alluvion déposée en nous par le langage, le déplacement se conçoit comme l'effet d'une figure de rhétorique bien connue, qui consiste à désigner la totalité d'une chose par sa partie, par ce qui lui est contigu : la métonymie.

Que nous enseigne ce détour, ce tressage de psychanalyse et de Talmud ?

D'abord une perception accrue de l'étonnante cohérence de l'œuvre freudienne : la transférance signi-

---

5. L'indice que déplacement et transfert étaient bien saisis par Freud dans cette dimension de la transférance signifiante nous est fourni, entre autres, par ce passage de *Totem et Tabou* (S. E., vol. XIII, p. 27) : « Je voudrais à présent mettre côte à côte deux exemples de la transférance [ou comme il vaudrait mieux dire le *déplacement*] d'une prohibition. »

6. J. Lacan, *l'Instance de la lettre*, *Écrits*, Paris, Le Seuil, 1966.

fiante provient de la généralisation à l'ensemble de la théorie analytique des mécanismes de contiguïté et déplacement — de la même façon que la *gezera chava* généralise la *semoukha*. Nous n'avons pu énoncer cette proposition que grâce au mode de lecture « horizontal » préconisé – désormais qualifiable de métonymique – et une telle idée n'a pu nous venir que d'avoir été introduit à la lecture du Talmud. A cet éclairage, l'œuvre entière de Freud apparaît comme une immense métonymie dont il est bon pour un psychanalyste de s'être laissé porter, au moins une fois, par l'onde du texte.

Ceci encore : la *gezera chava* présente l'avantage de pouvoir s'énoncer en termes mathématiques, précisément dans le langage des ensembles. Ce qu'il faut donc tenter :

Soient deux sous-ensembles, appartenant à l'ensemble *A* du langage, structurés par un certain nombre d'opérations logiques. Si ces deux sous-ensembles présentent *une* propriété commune, on peut poser qu'au moins une opération leur est aussi commune.

Exemple : les souvenirs d'enfance et ceux de l'hystérique comme ensembles dont nous connaissons une propriété commune, l'amnésie. Quelle opération structurante reconnue pour l'hystérie vaut pour l'enfance ? Les expériences sexuelles.

Telle serait la définition de la transférance signifiante freudienne.

Jusqu'ici, le plus grand bénéfice vient de l'éclairage porté par le judaïsme sur la psychanalyse, mais l'inverse est aussi vrai.

Nous voici en mesure, par exemple, de répondre à une question que je posai ailleurs, à propos du Talmud. Celui-ci se présente en effet, pour l'essentiel du texte, comme illisible au lecteur « extérieur », celui qui n'entre pas tout à fait dans le jeu. La raison provient du caractère systématiquement dérisoire des questions traitées, empruntées à la vie quotidienne la plus plate, de la confection des cabanes aux menstrues. Que signi-

Annexe

fie ce dérisoire, qui nous faisait énigme? Un réalisme poussé à ses limites extrêmes, à l'état cru, près duquel les minutieuses descriptions balzaciennes ressemblent à de flamboyantes métaphores. Le Talmud tire sa singularité d'être un exercice systématique de la métonymie.

Si on retient l'enseignement lacanien que la métonymie « opère d'un métabolisme de la jouissance [7] », le style talmudique ne se réduit pas à un simple formalisme académique mais devient homogène à son projet de constituer une machine textuelle désirante, fournissant au sujet qui s'y inscrit, le juif, le mode d'emploi d'une jouissance insubmersible.

L'essentiel du Talmud est dans ce réalisme extrême. Mais non sa totalité. Le reste est constitué de petits récits, *machal*, bien plus développés dans la littérature midrachique proprement dite. Le *machal* est assimilable à l'allégorie.

Nous ne pouvons ici ouvrir la question, si essentielle à la littérature, surtout médiévale, du statut de l'allégorie. Procède-t-elle principalement de la métaphore ou de la métonymie? Comment l'une s'y articule à l'autre? A l'évidence le *machal* recherche principalement un effet de transférance signifiante, il reste dans le Talmud sur le rail métonymique.

L'approfondissement de ces questions serait d'un intérêt capital pour pénétrer plus avant la littérature hébraïque. Celle-ci en effet peut se subdiviser en deux grandes parties, que la plupart des grands théologiens juifs nous ont affirmé étroitement articulées : Talmud d'une part, Kabbale de l'autre, de style radicalement différent. Le réalisme extrême de l'un s'oppose aux spéculations les plus vertigineuses de l'autre. Leur étude même procède différemment : l'approche thématique, si elle est absurde pour saisir le sel talmudique, est tout à fait concevable pour la Kabbale. La domination de la

---

[7]. J. Lacan, *Radiophonie*, *Scilicet*, nos 2/3, Paris, Le Seuil, 1970.

métonymie dans l'un s'oppose au triomphe de la métaphore dans l'autre. Or, l'allégorie est la forme littéraire privilégiée de la Kabbale, du Zohar en particulier. Est-elle le lieu où la métonymie bascule et se noue en métaphore ?

Ce livre est le produit de mon singulier et quotidien dialogue, au long des années 70, avec Jacques Lacan.

Une dette particulière me lie également à mes étudiants de Paris VIII qui, mercredi après mercredi dans les années 81-83, ont accompagné, critiqué, enrichi surtout de travaux originaux mon élaboration. La même reconnaissance va à ceux qui m'ont confié la responsabilité de leur analyse. Certains, ils se reconnaîtront, ont apporté à leur insu d'importantes contributions à ce livre. Les unes et les autres ont vérifié pleinement l'adage talmudique : on apprend de ses élèves plus que de ses maîtres.

L'occasion se présente de réparer un oubli. La première esquisse de ce texte m'a permis d'obtenir les diplômes nécessaires à mon titre de psychiatre. Le professeur J.M. Alby, que je remercie, voulut bien endosser la direction universitaire de ces travaux et les encourager.

Ma gratitude va aussi à Jean Guir, qui joua un rôle précieux dans la publication de ce livre.

TABLE

Position du problème 11

Première partie :
Le Père freudien en question 17

  1. De la loi du père au respect du frère 19
  2. Penser avec ses dents 45

Deuxième partie :
Le discret et le continu 57

  1. Un étrange repas 59
  2. De l'écriture au Livre..................... 64
  3. La naissance du sujet 84
  4. L'écriture et le feu 93
  5. Le cru, le cuit... et le symbolique 109
  6. Le Livre dans le champ freudien 136

Troisième partie :
Le Livre et la clinique 159

  1. Au-delà d'une clinique de l'oralité 161
  2. La preuve par le schizo 164
  3. Le dyslexique et son père 172
  4. Le médicament et la psychosomatique 177
  5. L'alcoolique............................. 181

Conclusion 195
Annexe 201
Remerciements 215

Imprimé en France, par l'imprimerie Hérissey à Évreux (Eure) - N° 81761
HACHETTE LITTÉRATURES - 74, rue Bonaparte - Paris
Collection n° 25 - Édition n° 01
Dépôt légal : 1742, septembre 1998
ISBN : 2.01.278948.X
ISSN : 0296-2063

27.8948.5